JN086274

Ai Hosokawa

taishoji cookbook

2016-17

1

細川亜衣

晶文社

はじめに

熊本市の北、立田山麓の黒髪の地に"taishoji"はある。

熊本大学の脇の坂を登ってゆくと見える、"泰勝寺跡"の目印。"跡"、つまり、もともとここには寺があった。肥後熊本藩主・細川家の菩提寺「龍田山泰勝寺」。明治初めの神仏分離令発布で廃寺となったが、以来、同家の別邸として受け継がれてきた。豊かな緑と静けさに包まれた、細川家先祖代々の墓と茶室は、"立田自然公園"として開放されて久しい。

私たち家族が暮らす敷地内には、ご先祖様を祀る御祠堂があり、茶室や広間を有する母屋がある。庭には梅や椿、山桜、銀木犀……その他、無数の木や花が四季を通してこの場所を彩ってくれる。

細川の家に嫁ぎ、この類い稀なる豊かな土地に暮らすようになり、数年が流れた頃、私の中でひとつの願いが芽生えた。
それは、この美しい場所を私たち夫婦の代で終わらせることなく、いつまでも生き生きとした場所として、大切にしていきたいという思いだった。

どんなに立派でも、そこにどれだけ長い歴史が流れていたとしても、家は放っておけばいつかは朽ちてゆく。
古い建物を、そして、泰勝寺という歴史ある旧跡を、趣あるままに保存してゆくこと。さらに、私たち家族だけではなく、もっと開かれた存在として、ここを訪れる方たちと共有できる場所にしてゆくこと。それらは、もしかすると、私がご縁をいただいてこの家に嫁いだ使命なのかもしれない、と思った。

夫は生業である焼き物を、私は料理を通して、また、ここで長い間行われてきた茶会や、私たち家族を支えてきて下さった方々の集まりを通して、この場所がいつまでも生き生きとしたものであり続けるように。その強い思いを心の支えに、大きな改築に踏み切った。

そして、生まれたのが"taishoji"だ。改築は2015年に始まり、丸々一年をかけて、ようやく、2016年の春、新たな幕を開けることになる。古い台所や水回りは、解体した部屋で使われていた古い材を張り、新たに阿蘇の石を積み、まっさらな漆喰を塗り、太い梁を削り、清々しい厨房と食堂に生まれ変わった。

3月には、小さなお披露目として初めて料理教室を行った。さあ、これから、というその時だった。正式なこけら落としの記念として、準備を進めてきたまさに幕開けの日、奇しくも熊本では大きな地震が起きた。

屋根瓦は落ち崩れ、塗ったばかりの漆喰の壁には罅が入り、しばらくの間は、呆然とした気持ちでただ日々だけが流れていった。再び、この場所は静まり返った。
しかし、新たに息を吹き返すことができたのは、taishojiを支えてくれるみなさんと、どんな時も変わらずに私たちを包んでくれる自然、そして、熊本の豊かな食材、そこから生まれる料理の存在があったからに他ならない。

「taishoji cookbook」は、この奇跡のような場所だからこそ生まれ得たものだ。過去と現在が交錯し、煌めくような四季の光に照らされる地で、料理とともに歩んだ歳月。

この本が、そしてtaishojiの光が、ひとりでも多くの方の手に届きますように。

2021年初夏　細川亜衣

食材について

本書では一部の素材や調味料をのぞき、熊本県産のものを使っている。温暖な気候から旬の訪れが全国的に見ると一足早く、また、豊富な地下水、肥沃な土地柄、寒暖の差などさまざまな理由から、野菜や果物などは味が濃く、みずみずしいものが多い。また、魚介類は天草をはじめとする近郊の海から、肉や乳製品は阿蘇などの山間の地域から、良質なものが届く。

とはいえ、必ずしも読者のみなさんが同じような食材を手に入れられるわけではないし、土地ごとに変わる食材の個性を生かすことも、また一つの楽しみでもある。レシピに書いてあることが絶対ととらえず、目の前にある食材と相談し、味見をしながら、好みの味に仕上げてほしいと思う。料理をする人、そして、食べる人が素直に"おいしい"と感じること、それが一番である。

塩について

海塩や岩塩など自然な味わいのある塩を使う。さらさらとしたもの、しっとりとしたもの、食感のあるもの……好みにより、また、料理により使い分けるとよい。なお、仕上げにふる塩は、料理の上ですぐに溶けず、舌にのせた時にほんのりと甘みを感じるものを選ぶ。本書では、材料表に一括して"塩"と記し、レシピの文中において"粗塩"と記している。

分量について

1カップは200㎖、大さじは15㎖、小さじは5㎖を表す。

表記のあるもの以外は、おおよそ4人分。分量の表記がない場合は、適量を意味する。

2016年
4月

taishōji のはじまり。
新しい台所。新しい食堂。
これから、ここに、どんな色や香りが
折り重なってゆくのだろう。

焼きにんじんのスープ p.19

いちごと馬のカルパッチョ
p. 21

ヨーグルトと黄色い柑橘のカクテル
——
p.22

焼きにんじんのスープ
_p.14_

にんじん	500g
オリーブ油	適量＋10g
塩	
水	800g
［仕上げ］	
レモン汁	小さじ2
塩	

にんじんは皮ごとよく洗い、へたを切り落とす。

小さいものは縦半分に、大きいものは1cm厚さに切る。

オーブンに入れられるふたつきの鍋に入れ、オリーブ油を全体がつやつやとするくらいまで加え混ぜる。

粗塩をふり、水を鍋底から1cmほど入れ、ふたをする。

250℃のオーブンに入れ、25～30分ほど蒸し焼きにする。

芯までやわらかくなり、にんじんが部分的に飴色になったら、水を加える。

ふたをして中火にかけ、煮立ったら弱火で10分煮る。

煮汁ごとミキサーに入れ、なめらかになるまで撹拌したら、塩味をととのえる。

スープを鍋に移して中火にかけ、時々混ぜながら中心が沸騰するまで温める。

火を止めてオリーブ油を加えたら乳化するようによく混ぜ、温めた器に盛る。

レモン汁を軽くしぼり、粗塩をふる。

春のラヴィオリ
_p.15_

4人分（1人約8個分）

［生地］	
強力粉	100g
香りのよい緑の春野菜または香草	50g
水	50g
［詰め物］	
新じゃがいも	100g
パルミジャーノ・レッジャーノ	20g
塩	
［ソース］	
生クリーム	100g
ペパーミント	4枝
バター	20g
塩	

作り方　次頁につづく

生地を作る。

緑の葉はみじん切りにする。

ボウルに強力粉を入れて山にし、中心にくぼみを作り、刻んだ葉を入れる。

水を少しずつ注ぎながらへらやスプーンなどで混ぜる。

ひとまとめにしたら、台の上に移し表面がなめらかになるまでこねる。

ボウルをかぶせて30分ほど休ませる。

詰め物を作る。

新じゃがいもは皮ごとやわらかく蒸す。

熱いうちに皮をむき、芽などがあればていねいにのぞく。

すりこぎなどで大きな塊がないようにつぶす。

パルミジャーノ・レッジャーノを削って加え混ぜ、塩で味をととのえる。

成形する。

打ち粉をしながら生地を麺棒で1mm厚さに伸ばし、直径5cmのセルクルや器などで抜く（a）。

（まわりの生地は伸ばし直すか、乱切りにして別のパスタとして使う）

詰め物は、約3gの団子状に丸める（b）。

抜いた生地の上にのせて半円形に包み、空気を抜きながら端をしっかりと閉じる（c）。

乾いた木の台か布の上に広げておく。

ソースを作る。

小鍋に生クリームとペパーミントを入れてふたをし、ごく弱火にかける。

5分ほど煮て、ミントの香りがクリームに移ったら火を止める。

ミントを取り出してきゅっと絞り、バターを加え混ぜる。

湯を沸かして粗塩を入れ、ラヴィオリをゆでる。

5分ほどゆでたら、温めた皿に盛る。

熱々にしたソースを回しかけ、粗塩をふり、使った野菜の花（あるいは若葉や蕾）を散らす。

* 春はクレソン、菜花、葉わさび、せり、イタリアンパセリ、パセリなど。今回はわさびの葉でパスタを作り、上にわさびの花を散らしている。

a   b   c

いちごと馬のカルパッチョ

p.16

馬刺し（赤身）	200g
いちご	200g
新玉ねぎ	80g
赤パプリカ	80g（小1/2個）
オリーブ油	40g
赤ワインビネガー	20g
塩	
こしょう	

新玉ねぎは粗みじん切りにし、冷水にさらしてから水気を絞る。

赤パプリカは軸と種をのぞき、小さなさいの目に切る。

オリーブ油、赤ワインビネガーを加えてよくあえる。

馬刺しは薄切りにし、皿に重ねないように盛る（a）。

いちごはへたを取り、大きければ食べやすい大きさに切る。

赤いソースにいちごを加えてさっとあえる。

馬肉の上にいちごのサラダを盛る。

粗塩をふり、こしょうを粗挽きにする。

a

パール柑	1個
晩柑	1個
［クリーム］	
水切りヨーグルト	120g
（ヨーグルト200gを水切りした固形分）	
卵	1個
グラニュー糖	30g
［ゼリー］	
乳清	80g
（ヨーグルト200gを水切りした水分）	
はちみつ	20g
柑橘の搾り汁	100g
クリアアガー	5g
グラニュー糖	10g

水切りヨーグルトを作る。
ヨーグルト200gは、ざるに厚手のキッチンペーパーやコーヒーフィルターなどを敷いたところに入れ、一晩冷蔵庫で水切りする。
クリームを作る。
ボウルに水切りヨーグルト、卵黄、グラニュー糖15gを入れ、泡立て器でなめらかになるまで混ぜる。
別のボウルに卵白を泡立てる。
全体に白い泡が立ってきたら、残りのグラニュー糖15gを3回に分けて加えながら、しっかりと角が立つまで泡立てる。
ヨーグルトのクリームにメレンゲをひとすくい加えて泡立て器で混ぜ、残りのメレンゲを加えてへらで泡がつぶれないように混ぜたら、冷やしておく。
ゼリーを作る。
乳清、はちみつ、柑橘の搾り汁を鍋に入れてはちみつが溶けるまで混ぜ、中火にかける。
煮立ったら火を止め、80℃になるまで冷ます。
クリアアガーとグラニュー糖をよく混ぜておいたものを少しずつ入れ、泡立て器でよく混ぜる。
弱火にかけ、混ぜながら煮てうっすらとしたとろみがついたら火から下ろす。
氷水に当ててゆるくかたまるまでおき、冷やしておく。
パール柑と晩柑は薄皮までむき、小房に分けて冷やしておく。
冷やしたグラスにクリーム、柑橘、くずしたゼリーの順にのせて供する。

2016年
7月

気がつけばもう夏。
この春の出来事を、
忘れることはないだろう。
作る者にも、食べる者にも、
元気を与えてくれる料理を。

ナムル4種（えごま、パプリカ、じゃがいも、大豆）*p.29*

24

新にんにくごはん
___
p.31

トマト納豆汁 ― *p.31*

かつおと夏野菜の梅だれ
p.32

梅の甘味 — *p.33*

えごまのナムル

―― *p.24*

えごまの粒	大さじ1
えごまの葉	10枚
えごま油	小さじ2
しょうゆ	少々
塩	少々

えごまの粒は、フライパンで乾煎りする。
えごまの葉は千切りにする。
えごまの葉にえごま油、半ずりにしたえごまの粒、しょうゆ、粗塩を加えてふんわりやさしくあえる。

パプリカのナムル

―― *p.24*

パプリカ	中2個
にんにく	1かけ
シナモンスティック	約2cm
米油	大さじ2
塩	
酢	大さじ1
えごま油	小さじ1

パプリカは種とへたをのぞき、一口大の乱切りにする。
フライパンを熱して米油を引き、つぶしたにんにくとシナモンスティックを入れて炒める。
香りが立ったらパプリカを入れて中火で炒め、油が回ったら塩をふる。
酢を加えて一煮立ちさせ、火を止めてえごま油を加え混ぜる。

じゃがいものナムル

—
p.24

じゃがいも	中2個（約200g）
にんにく	1かけ
米油	大さじ2
ターメリック	小さじ1/4
えごま油	小さじ1
粗挽き唐辛子	
塩	

じゃがいもは皮をむき、千切りにして水にさらしておく。
フライパンを熱して米油を引き、つぶしたにんにくを入れて炒める。
香りが立ったらじゃがいもを入れて中火で炒め、塩をふる。
途中で鍋底にはりつきそうな場合は、水を少々加え混ぜる。
ほどよい食感になったらターメリックを加えて炒める。
全体が黄色くなったら火を止め、えごま油を加え混ぜる。
器に盛り、粗挽き唐辛子と粗塩をふる。

* じゃがいもは、ほくほくしたものよりも、食感が残り、煮くずれしにくい種類が合う。

大豆のナムル

—
p.24

大豆	1/2カップ
にんにく	小1かけ
ごま油	大さじ1
塩	

大豆はボウルに入れて洗い、たっぷりの熱湯をかける。
冷めたら湯を切り、もう一度熱湯をたっぷりとかけて冷めるまでおく。
ふっくらとふくらんだ大豆を漬け水に浸したまま蒸し器に入れる。
強火で40分ほど蒸し、ほどよいやわらかさになったら取り出す。
湯を切り、熱いうちにつぶしたにんにくとごま油、粗塩を加え混ぜる。

新にんにくごはん
p.25

新にんにく（小粒）————————1玉
米————————————————2合
水————————————————米と同量
ごま油———————————————小さじ1
塩

新にんにくは、ばらして皮をむいておく。
米を研ぎ、ざるに上げて30分以上おく。
鍋に入れ、皮をむいた新にんにくを散らし、水を注いで1時間ほどおく。
ごま油を回しかけてふたをする。
強火にかけ、蒸気が立ってきたらごく弱火にして15分炊く。
最後3秒ほど火を強めてから火を止め、5分ほど蒸らす。
さっくりと混ぜ、茶碗に盛り、粗塩をふる。

トマト納豆汁
p.26

トマト（完熟）————————300g
玉ねぎ————————————100g
にんにく————————————1かけ
しょうが————————————大1かけ
豚薄切り肉（ばらまたは肩ロース）——200g
納豆—————————————100g
米油—————————————大さじ4
酒——————————————大さじ2
塩
ごま油
薬味（えごま、ししとう、小ねぎ、にらなど）

トマトはへたを取ってざく切りにする。
香味野菜（玉ねぎ、にんにく、しょうが）は粗く刻む。
豚薄切り肉は1cm幅に切る。
鍋を熱して米油を引き、香味野菜を入れて中強火で炒める。
時々混ぜながら炒め、ほんのり色づいたら刻んだ豚肉を入れて炒める。
粗塩をきつめにふってよく混ぜながら炒め、脂が出てこんがりとしたら
酒をふる。
納豆を加え、鍋底をこそげるようにしっかりと炒める。
粘りがなくなり、茶色くなって鍋底にはりつき始めたら、トマトを加える。
水をたっぷりかぶるくらいまで注ぎ、強火で煮る。

作り方　次頁につづく

煮立ったら中火にし、時々鍋底から混ぜながら、うっすらととろみがつくまで10分ほど煮る。

塩味をととのえ、いったん火を止めて味をなじませる。

再び強火にかけ、煮立ったら熱々にごま油をたらし、好みの薬味を刻んで散らす。

* トマトの熟れ具合が足りない時は、水の半量をトマトジュースに変えるとこくが出る。また、完熟のトマトが手に入らない時は、水煮トマトに水を足して作ってもよい。

* "トマト納豆鍋"としていただく場合は、トマトを入れて煮た後、鍋を食卓に運び、卓上で火にかける。生の豚肉、キャベツ、豆腐、菜っ葉などを好みで煮ながら食べる。

かつおと夏野菜の梅だれ
p.27

かつお	1さく
[野菜の塩水漬け]	
オクラ	8本
きゅうり	1本
甘長唐辛子	2本
みょうが	2本
赤玉ねぎ	1/8個
[たれ]	
梅干し	2個
にんにく	小1かけ
しょうゆ	大さじ1
酢	大さじ1
梅酢	大さじ1
ごま油	大さじ1
いりごま	大さじ1

かつおは皮目を網にのせて、こんがりと炙る。

網のまま火から下ろし、冷めたら網から外し、よく冷やしておく。

野菜は全て薄切りにして、ボウルに2%の塩水（400gの水に8gの塩）に浸して冷やしておく。

たれを作る。

梅干しの果肉、つぶしたにんにく、しょうゆ、酢、梅酢、ごま油、香ばしく炒ったごまをよく混ぜる。

冷やした器に野菜の塩水漬けを漬け水ごと盛る。

かつおを1cm厚さに切ってのせ、たれをかける。

梅
の
甘
味

——
p.28

［水ゼリー］
クリアアガー —————————— 6g
水 ——————————————— 300g
［梅の蜜煮］
梅シロップの梅 ——————— 20個
梅シロップ ——————————— 50g
水 ——————————————— 200g
［タピオカもち］
タピオカ粉 ——————————— 70g
グラニュー糖 ————————— 50g
水 ——————————————— 300g
［仕上げ］
梅シロップ
氷

水ゼリーを作る。
鍋にクリアアガーと水と入れ、泡立て器でだまができないようによく混ぜながら沸騰させる。
容器に移し、冷めたら冷蔵庫で冷やす。
梅の蜜煮を作る。
鍋に梅シロップの梅、梅シロップ、水を入れ、オーブンシートで落しぶたをする。
ふたをして中火にかけ、煮立ったら弱火でふっくらするまで10分ほど煮て、粗熱が取れたら冷やしておく。
タピオカもちを作る。
鍋にタピオカ粉とグラニュー糖を入れ、水を少しずつ注ぎながらへらでよく混ぜる。
中火にかけ、たえず混ぜながら煮る。
重たくなって半透明になってきたら、力強く混ぜ、鍋の中心がぐつぐつと煮立ったら氷水に取る。
親指と人差し指の間で丸い形に取り、きれいな氷水で冷やす。
冷やしすぎるとかたくなるので、ほどよく冷えたら盛りつける。
器に水気を切ったタピオカもち、水ゼリー、梅の蜜煮、氷を盛り、梅シロップをかける。

2016年
10月

秋、またこの台所に立てることをうれしく思う。
再出発の気持ちを込めて、
私を育ててくれたイタリアの、
懐かしい味を届けたい。

みかんのサラダ

みかんの
サラダ
——
p.40

米とカリフラワー
p.40

さばときのこのカルピオーネ
p.41

38

さつまいものスフレ
—
p.42

みかんのサラダ
___
p.36

みかん（小）	8個
ひともじ	1本
赤ワインビネガー	約大さじ1
赤唐辛子	1本
オリーブ油	約大さじ2
塩	

みかんはよく冷やしてから皮をむき、水平に半分に切る。

皿にみかんの切り口を上にして並べる。

ひともじを斜め薄切りにして散らし、赤ワインビネガーをふる。

赤唐辛子の種をのぞいてごく薄い輪切りにして散らす。

量が多い時は段々に重ねて盛る。

よく冷やしておき、供する前にオリーブ油を回しかけ、粗塩をふる。

* みかんは、秋から冬のはじめに出回る、小ぶりで薄皮のやわらかい早生みかんを使う。

米とカリフラワー
___
p.37

カリフラワー	小1個（正味約200g）
米	1カップ
水	約1500g
粗塩	

［仕上げ］
オリーブ油
パルミジャーノ・レッジャーノ
塩

カリフラワーは葉を落とし、芯のまわりのかたいところをのぞいて冷水につけておく。

花の部分は小房に分け、芯は薄切りにする。

鍋に分量の水を入れてふたをして中火にかけ、沸いたらうっすら塩味をつけ、水気を切ったカリフラワーを入れる。

米を洗わずに加え、中弱火で時々混ぜながら13〜15分ほど、軽い沸騰を保ちながら煮る。

途中、米が泳ぐぐらいの水分を保つようにし、煮詰まったら湯を適宜足す。

米がアルデンテになったら塩味をととのえ、温めたスープ皿に盛る。

オリーブ油を回しかけ、パルミジャーノ・レッジャーノをすりおろし、粗塩をふる。

さばときのこのカルピオーネ

p.38

さば	1尾
きのこ（エリンギ、ひらたけなど）	400g
塩	
薄力粉	
揚げ油	
［マリネ液］	
赤玉ねぎ	200g（中）1個
赤ワイン	100g
赤ワインビネガー	100g
水	100g
塩	10g
クローブ	8粒
ローリエ	4枚
［仕上げ］	
シナモンスティック	
塩	

さばは3枚おろしにし骨を抜き、両面に軽く塩をふり、30分ほどおく。

きのこは汚れを取り、かたいところがあればのぞく。

マリネ液を作る。

赤玉ねぎは5mm厚さに切る。

鍋に赤玉ねぎ以外のマリネ液の材料を全て入れて煮立てる。

沸騰したら赤玉ねぎを入れ、ふたをして中火で煮て、ほんのり歯ごたえが残るくらいで火を止める。

揚げ油を中火で熱して、きのこがうっすら色づくまで揚げ、油を切って網に上げ、塩をふる。

さばの水分を拭き取り、薄力粉をまんべんなくまぶす。

きのこを揚げた油に皮目を下にして入れ、おいしそうに色づくまで両面揚げ、油を切る。

皿に熱々のさばときのこを盛り、熱々のマリネ液をかける。

シナモンスティックをすりおろし、粗塩をふる。

＊ カルピオーネは、魚、肉、野菜などを揚げて、玉ねぎとワインビネガーなどをベースとしたマリネ液に漬けたもの。

さつまいものスフレ

p.39

4－6人分
［スフレ］
さつまいも ──────────── 約300g（正味200g）
バター（無塩） ──────────── 20g（焼きいも用）＋20g
黒砂糖 ──────────── 20g
卵 ──────────── 大2個
牛乳 ──────────── 80g
みかんの搾り汁 ──────────── 20g
グラニュー糖 ──────────── 20g（メレンゲ用）＋10g（型用）
［仕上げ］
生クリーム（35％） ──────────── 60g
好みの柑橘の搾り汁
黒砂糖

さつまいもは濡らした紙とアルミ箔で包み、焚き火やストーブ、または
200℃のオーブンで芯までやわらかくなるまで焼く。（オーブンの場合
は40分〜1時間ほど）
熱々のうちに皮をむき、へたや繊維の多い部分を取って裏ごしして、重
さを量る。
ボウルに焼きいもを入れ、バターを加えて混ぜる。
黒砂糖、卵黄、牛乳、みかんの搾り汁を加え、なめらかになるまで混ぜる。
卵白は冷凍庫で縁が少しだけ凍るくらいまでおき、泡立てる。
まんべんなく泡が立ったら、グラニュー糖20gを数回に分けて入れ、角
が立つまで泡立て、メレンゲにする。
焼きいものボウルにメレンゲをホイッパーでひとすくい加えて混ぜ、さ
らに残りのメレンゲを加えて泡をつぶさないように混ぜる。
バターを塗った耐熱皿に流し、残りのグラニュー糖10gをまんべんなく
ふる。
250℃のオーブンで約12分焼き、ほどよい焼き色がつき、手を当てて
みて中がまだやわらかいくらいで取り出す。
生クリームを氷水に当てながらゆるく泡立て、冷やしておく。
皿に熱々のスフレを取り分け、柑橘をところどころに搾り、黒砂糖をふる。

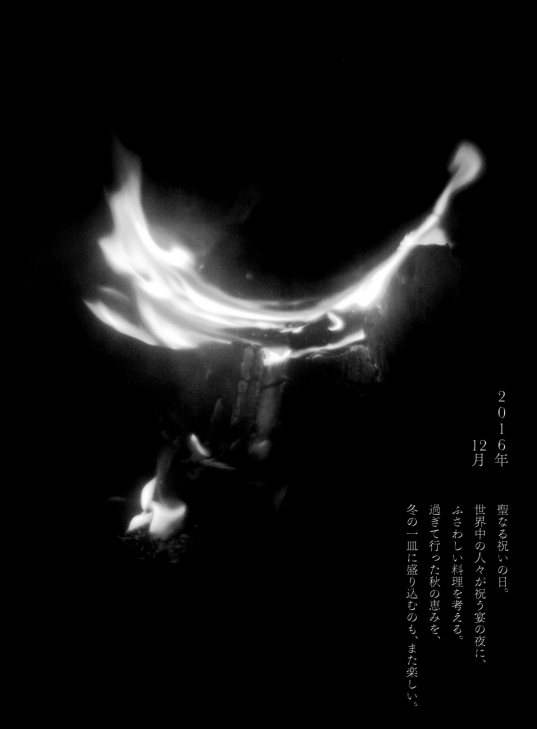

2016年
12月

聖なる祝いの日。
世界中の人々が祝う宴の夜に、
ふさわしい料理を考える。
過ぎて行った秋の恵みを、
冬の一皿に盛り込むのも、また楽しい。

ざくろのアペリティーヴォ p.51

晩白柚と冬野菜のピンツィモーニオ <u>p.52</u>

46

牛すね肉とかぶのロースト
ローゼルソース

p.52

白菜の黄色い
蒸し煮
— p.54

りんごとかぼすの冷菓 p.54

ざくろのアペリティーヴォ
—— p.44

作りやすい分量
ざくろ —————————————— 2個
氷砂糖 ————————————————— ざくろの種子と同量
氷
発泡性のワインまたは炭酸水

ざくろの実を割り、白いわたを丁寧に取りのぞく。
種子をほぐし、同量の氷砂糖を量る。
清潔な瓶に交互に重ねて入れ、数日おいて氷砂糖が溶けたら、冷蔵庫で
保存する。
グラスに氷とざくろのシロップを入れ、よく冷やした発泡性のワインま
たは炭酸水を注ぐ。

銀杏のパンフリット
—— p.45

［生地］
強力粉 ————————————— 100g
ドライイースト ——————————— 1g
オリーブ油 —————————————— 10g
水 ————————————————— 60g
塩 ————————————————— 2g
［その他］
銀杏 ————————————— 20個（詰め物用）＋20個（仕上げ用）
揚げ油
塩

生地を作る。
ボウルに強力粉、ドライイースト、塩を入れてよく混ぜる。
中心にくぼみを作り、オリーブ油と水を入れて、中心から混ぜていく。
ひとまとめにしたら、台の上に移して表面がなめらかになるまでこねる。
丸めてとじ目を下にして、オリーブ油を塗ったボウルに入れてラップを
し、暖かいところ（約30℃）に1時間ほどおいて、倍の大きさになるま
で発酵させる。
ガス抜きをして人数分に等分し、ボウルなどをかぶせて30分ほど、ひ
とまわり大きくふんわりするまで発酵させる。
銀杏は殻を割り、沸騰した湯で色よくゆでたら冷水に取り、薄皮をむく。
詰め物用の銀杏は包丁の腹でつぶし、1人分につき5個ずつ重ねておく。
手に油を塗り、1人分の生地を手の上にのせ、つぶした銀杏を中心にのせる。
端を寄せるようにして閉じ、丸く形をととのえる。
小鍋に揚げ油を入れて中弱火で熱したところに入れ、じっくりと揚げる。
下の面が色づいたら転がして、全体にきれいな揚げ色がついたら油を切る。
仕上げ用の銀杏を色鮮やかに揚げ、油を切る。
器にパンフリットと揚げ銀杏を盛り、粗塩をふる。

晩白柚と冬野菜の
ピンツィモーニオ

p.46

晩白柚 ─────────────── 4房
好みの生野菜（今回はセロリ、わさび菜、春菊）
オリーブ油
赤ワインビネガー
塩

生野菜は冷水につけてから、よく水気を切って冷やしておく。
晩白柚はなるべく形をくずさないように薄皮までむき、種を取る。
大皿に盛り合わせて調味料とともに食卓に運ぶ、
各自で皿にオリーブ油、赤ワインビネガー、粗塩を好みの量入れ、晩白
柚と生野菜をぐるぐると手で回しつけながら食べる。

牛すね肉とかぶのロースト
ローゼルソース

p.48

牛すね肉 ─────────────── 500g
香味野菜
（玉ねぎ、にんじん、セロリ、ねぎ、にんにくなど）
ハーブ
（オレガノ、マジョラム、フェンネル、ローリエ、
　セージ、イタリアンパセリなど）
粒こしょう ─────────────── 10粒
かぶ ─────────────── 4個
水 ─────────────── 2000g
オリーブ油
[ソース]
ローゼル塩漬け ─────────────── 20g
ケッパー塩漬け ─────────────── 10g
イタリアンパセリ ─────────────── 40g
にんにく ─────────────── 小1かけ
オリーブ油 ─────────────── 40g
赤ワインビネガー ─────────────── 30g
塩

鍋に水をはり、適当な大きさに切った香味野菜、ハーブ、粒こしょうを
入れて強火で沸かす。
牛すね肉を入れ、あくを引いたら弱火で3時間ほど煮て、牛すね肉がや
わらかくなったら火を止めて冷ます。
一晩冷蔵庫に入れて脂をのぞく。
汁を濾して鍋に入れ、牛すね肉と葉をつけたままのかぶ入れてふたをし
て煮る。
煮立ったら弱火にし、かぶに串がすっと通るまで煮たら火を止める。

作り方　次頁につづく

天板にオーブンシートを敷き、1人分ずつに切り分けた牛すね肉とかぶを並べる。

上からオリーブ油をかけ、250℃のオーブンで約10分、こんがりするまで焼く。

ソースを作る。

ローゼルとケッパーの塩漬け、イタリアンパセリはそれぞれ細かく刻む。

つぶしたにんにくと合わせ、オリーブ油と赤ワインビネガーを加えてよく混ぜる。

牛すね肉とかぶを皿に盛り合わせ、ソースをかけ、粗塩をふる。

* 牛すね肉の代わりに骨つき鶏もも肉、豚肩ロース肉で作ってもおいしい。ゆで時間は肉によって変わる。

星のスープ

p.47

［生地］
強力粉 —————————— 100g
柚子の皮 —————————— 1個分
水 —————————— 50g
［スープ］
牛すね肉のローストのゆで汁 (*p.52*) —— 600g
柚子の汁 —————————— 適量
塩

パスタを作る。

ボウルに強力粉を入れ、柚子の皮をすりおろし、中心にくぼみを作り、水を注いで混ぜる。

ひとまとめにしたら、台の上に移し表面がなめらかになるまでこねる。

ボウルをかぶせて30分ほど休ませる。

打ち粉をしながら麺棒で1mm厚さに伸ばし、星の抜き型で抜く。

まわりの生地はまとめて再び伸ばし、抜く。

打ち粉をした台の上に広げ、くっつかないようにしておく。

牛すね肉のローストのゆで汁を煮立て、あくが出たら引き、塩味をととのえる。

別の鍋に湯を沸かし、粗塩を入れてパスタをゆでる。

再沸騰したら網じゃくしですくい、スープの鍋に移す。

再び沸騰するまで煮て、ほどよいかたさになったら皿に取る。

熱々のスープを注ぎ、柚子を酸っぱくなりすぎない程度にところどころに搾る。

* スープは濾したものを一晩冷蔵庫に入れ、脂をのぞいてから使うと味わいがすっきりとする。

白菜の黄色い蒸し煮
p.49

白菜	大4枚
サフラン	ひとつまみ
くちなしの実	1個
赤唐辛子	1本
オリーブ油	大さじ4
塩	

白菜は冷水に浸しておく。

サフランとつぶしたくちなしの実は小さな器に入れ、ひたひたの水につけて色を出しておく。

白菜を食べやすくちぎり、鍋に芯、葉の順に入れる。

サフランとくちなしの実を漬け水ごと入れ、赤唐辛子を加え、オリーブ油を回しかけて粗塩をふる。

ふたをして中火で蒸し炒めにし、音がしてきたら弱火にし、時々混ぜながら白菜が透き通るまで火を通す。

塩味をととのえ、火を止める。

* できたての熱々も、粗熱が取れた頃もそれぞれにおいしい。
* 白菜は、オレンジ白菜を使うとより甘みが出て、鮮やかな黄色になって美しい。

りんごとかぼすの冷菓
p.50

[ソルベット]	
りんごの果肉	250g（約1個分）
コンデンスミルク	50g
[グラニータ]	
かぼすの汁	20g
グラニュー糖	20g
水	80g
[仕上げ]	
炭酸水	
梅シロップ	

ソルベットを作る。

りんごは皮と種をのぞいて薄切りにしてバットに入れる。

コンデンスミルクであえ、ラップを貼りつけてかたくなるまで冷凍する。

フードプロセッサーにかけてなめらかになるまで撹拌し、再びバットに入れて冷凍する。

グラニータを作る。

全ての材料を混ぜ合わせて金属製の容器に流し、一晩凍らせる。

フォークで細かくくずして冷凍庫に入れることを数回繰り返し、ふんわりとした食感にする。

冷やしたグラスにソルベットとグラニータを盛り、まわりによく冷やした炭酸水を注ぎ、梅シロップをかける。

2017年
1月

新しい年を、今年はとりわけ
清々しい気持ちで迎えることができた。
熊本の冬の恵みを、飾らない日々の料理に生かす。
そんな小さな幸せが、ひときわ心に沁みる。

青のりうどん
— *p.64*

里芋の落花生揚げ
―
p.65

菜花のじゃこ白あえ　*p.66*

柑橘と白菜漬けのあえもの

—
p.66

ぶりと大根のゆず塩鍋　p.68

ヤーコンの
きんぴら
p.69

ごぼうごはん —— *p.69*

いちごもち
p.70

青のりうどん

p.56

細うどん	200g
いりこと昆布の水だし（下記）	800g
酒	40g
塩	
青のり	

たっぷりの湯を沸かし、細うどんをかためにゆでる。
別の鍋にだし、酒、塩を入れて煮立て、やや薄めの塩味にととのえる。
うどんがゆだったら湯を切って温めた鉢に盛り、熱々のだしをはり、青のりをのせる。

* うどんは五島うどん、島原うどん、氷見うどん、稲庭うどんなど、細くてつるつるとした食感のものがよい。うどんのゆでた湯が白く濁らない場合は釜揚げで、濁る場合はいったんうどんを冷水で洗い、熱湯をかけてから盛る。

いりこと昆布の水だし

1リットル分

いりこ	10g
昆布	10g
水	1000g

いりこは丸のまま鍋に入れて弱火で煎る。
ふんわりといりこの香りがしたら、火から下ろして昆布と水を加える。
冬は冷暗所または冷蔵庫で一晩浸しておく。
十分に旨味が出ていたら漉す。
残ったいりこと昆布に水をかぶるくらい注ぎ、弱火にかけて二番だしを取る。
あくを取りながら煮て、軽く沸騰したらすぐに火を止めて漉す。

* いりこと昆布の量は、それぞれの品質によって変わる。上記の分量で旨味が足りない時は、適宜増やす。
* 一番だし、二番だしとも、漉したら使う分ずつ分けて冷凍保存する。
* 二番だしは、鍋物の汁が煮詰まってきた時の継ぎ足しに使ったり、炒め物や煮物などに水分を足したい時などに使う。

里芋の落花生揚げ

——
p.57

里芋	小8個
昆布	10cm
水	
酒	
［衣］	
皮むき落花生	30g
片栗粉	大さじ2
［その他］	
揚げ油	
［たれ］	
ピーナッツペースト	小さじ2
しょうゆ	小さじ2
酒	小さじ2
塩	
七味唐辛子	

鍋に皮をむいた里芋と昆布を入れ、水をたっぷりかぶるくらい注ぐ。

酒を加えて中火にかけ、煮立ったら弱火にし、ふたをしてゆでる。

里芋にすっと串が通るようになったら、火を止める。

衣の落花生はみじん切りにするか、フードプロセッサーなどで細かく挽く (*a*)。

里芋の汁気をひとつずつ切りながら、落花生と片栗粉を混ぜたものをまんべんなくまぶす (*b*) (*c*)。

揚げ油を中火で熱し、表面がかりっとするまで揚げる。

たれを作る。

ピーナッツペースト、しょうゆ、酒をとろりとするまで混ぜる。

揚げたての里芋にたれをかけ、粗塩と七味唐辛子をふる。

a　　　　　　*b*　　　　　　*c*

菜花	200g
塩	
[あえ衣]	
木綿豆腐	300g
白ねりごま	大さじ2
みりん	大さじ2〜3
塩	
[じゃこだれ]	
ごま	大さじ2
菜種油	大さじ4
ちりめんじゃこ	1/4カップ

菜花は洗ってたっぷりの冷水に浸しておく。
湯を沸かし、塩を入れて色よくゆでたら、塩水にとって冷ます。

木綿豆腐は水を切り、沸騰した湯で5分ほどゆで、盆ざるに上げて水気を切っておく。
すり鉢に豆腐、白ねりごま、みりん、塩を入れてまんべんなくする。
小鍋にごまと菜種油を入れて弱火にかけ、熱くなったらちりめんじゃこを加え、かりっとしたら火を止める。
菜花は絞らずに水気をざっと切り、食べやすく切る。
器にあえ衣を盛り、菜花をのせてじゃこだれをかける。

白菜漬け（*p.67*）
さわやかな柑橘（はっさく、パール柑、晩白柚など）
きんかん酢（*p.67*）

白菜漬けは漬け汁を軽く搾り、1cm幅に刻む。
白菜漬けの赤唐辛子を小口切りにする。
柑橘は薄皮までむいて種があればのぞき、白い筋を取りながら適当にほぐす。
白菜漬け、赤唐辛子、柑橘をきんかん酢であえ、器に盛る。

白菜漬け

作りやすい分量
白菜 ——————————————————— 2株（約4キロ）
塩 ————————————————————— 白菜の3%
赤唐辛子 —————————————————— 6本
柚子の皮 —————————————————— 2個分

白菜は巻きがしっかりしていて、手で持ってみるとずっしりと重みを感
じるものを選ぶ。
白菜は外葉ははがし、内側も洗う。
芯の方から切れ込みを入れて手で裂き、同様にして6〜8等分（白菜の大
きさによる）にする。
汚れが気になる時はさっと洗い、ざるに広げてしっかりと水気を切る。
外葉とともに2日ほど天日干しにする。
（寒い日は夜のうちに凍ることがあるので、室内に入れる）
樽、落としぶた、重石はきれいに洗って乾かす。
樽の底一面に入るほどの量の白菜を量る。
白菜の3%の塩を量り、樽の底に塩の一部をまんべんなくふる。
白菜は根元に多めに、葉先は少なめに残りの塩をまぶす。
根と葉が互い違いになるように隙間なく詰め、ところどころに柚子の皮
の千切りと赤唐辛子を切らずに散らす。
最後の段を詰めたら、ぎゅっと押して平らにし、外葉をかぶせる。
大きなビニールをかぶせて落としぶたをし、白菜の倍の重さの重石をのせ、
ふたかビニール袋をかぶせて冷暗所で2〜3日おく。
水が落としぶたより上にきたら、重石を半分の重さにする。
5〜7日ほどで塩がなじんだら食べる。

* 2日たっても水がうまく上がらない時は、白菜の上下を入れ替えて重石を重くする。

きんかん酢

きんかん
酢（米酢、白ワインビネガーなど）

きんかんはへたを取り、全体に竹串で穴をあける。
清潔な瓶に入れて酢をかぶるくらいまで注ぎ、冷蔵庫に入れる。
酢に香りが移ったら使い、きんかんが頭を出したら随時酢を足して漬ける。

* 酢の物やすし酢、サラダ、マリネのほか、おせち料理のなますに使ってもおいしい。
* きんかん酢を洋風に使う時は、米酢を白ワインビネガーに変えて漬けるとよい。
* きんかんの実は、丸のまま煮込みに使ったり、刻んでソースなどに使うとよい。

ぶり切り身 ———————————— 1.5cm厚さ×4切れ
大根 ————————————————— 3mm輪切り×8枚
［汁］
昆布 ————————————————— 10cm
水 —————————————————— 4カップ
ゆずの塩漬け ————————— 1個分
酒 —————————————————— 1/2カップ
塩
［仕上げ］
ゆずの塩漬け（下記）

土鍋に昆布を敷き、水をはって数時間おく。

ゆずの塩漬けと酒を入れて弱火にかける。

昆布が浮いてきたら取り出し、汁が煮立ってきたらゆずの塩漬けを取り
出し、大根を入れて煮る。

大根が透き通ったらぶりを入れて中弱火で煮て、ぶりに火が通ったら、
食卓に運ぶ。

めいめいの器に大根とぶりを盛り、熱々の汁をはり、ゆずの塩漬けのみ
じん切り（またはゆず塩ペースト）をのせる。

ゆずの塩漬け

ゆず
塩 ——————————————————— 柚子の20%

ゆずは半分から4等分に切り、種をのぞく。

清潔な瓶に塩と交互に重ねていき、ふたをしてそのまま室温で塩が溶け
るまでおく。

冷蔵庫で保存する。

* そのまま煮ものやマリネ、鍋などに使ったり、細かく刻んでさまざまな料理の隠し
　味や仕上げに使う。一部をフードプロセッサーでねっとりとするまで撹拌し、ゆず
　塩ペーストにして瓶詰めにしておくと、使い勝手がよくなる。
* 1年以上保存すると、色は褪せるが熟成して味がこなれて、さらにおいしい。

ヤーコンのきんぴら

p.61

ヤーコン	200g
菜種油	大さじ2
赤唐辛子	1本
酢	大さじ2
しょうゆ	大さじ2
ごま油	大さじ1
すりごま	大さじ2

ヤーコンは皮をむいて千切りにする。

鍋またはフライパンを中強火で熱して菜種油を引き、ヤーコンと丸のままの赤唐辛子を入れてよく混ぜながら炒める。

水分が飛んでしんなりとしたら、酢を回しかけ、さらにしょうゆを回しかけて混ぜる。

火を止めてごま油を加え混ぜ、すりごまを加え混ぜる。

* 菊いもで作ってもおいしい。

ごぼうごはん

p.62

米	2カップ
ごぼう	100g
菜種油	大さじ4
昆布だし	2カップ
(今回はp.65「里芋の落花生揚げ」で里芋をゆでた昆布だし)	
みそ	大さじ1

米は研ぎ、ざるに上げて30分以上おく。

ごぼうは麺棒で全体をしっかりと叩き、太ければ縦半分に切ってから、さらに食べやすい長さに切る。

米を炊く鍋を熱して菜種油を引き、ごぼうを入れて中火で炒める。

ほんのり色づくまで炒めたら、いったん火を止めて米を入れて混ぜる。

昆布だしを注ぐ。

みそをところどころに散らし、ふたをして中強火で炊く。

ふたの間から蒸気が出てきたら弱火にして13分炊く。

最後に5秒ほど火を強めてから火を止め、10分蒸らす。

さっくりと混ぜて茶碗に盛る。

いちごもち
—
p.63

8個分
いちご ——————————— 8個
[生地]
片栗粉 ——————————— 40g
水 ————————————— 140g
はちみつ —————————— 20g
[ソース]
いちご ——————————— 120g
グラニュー糖 ————————— 40g
[仕上げ]
レモン

いちごはへたを取る。
ソースのいちごとグラニュー糖は、ミキサーなどでなめらかに撹拌し、冷やしておく。
生地の材料を全て鍋に入れて弱火にかける。
へらでたえず混ぜながら、生地が重たくなり透明感が出てきたら、中火で力強く混ぜながら煮る。
中心が大きくふくらみ、重たくなった生地がゆるんだら、火を止めて生地を冷水にとる。
水の中で親指と人差し指を輪にして生地を絞り出すようにつかみ、いちご全体を覆うくらいの大きさになるよう、手のひらの上で平らにならす。
その上にいちごをひとつのせてくるむ。
冷やしておいた器にソースを入れ、いちごもちをのせ、レモンを少々搾る。

2017年
2月

庭にきんかんの老木がある。
かたくて、小さいが、香りのよい実は酢に漬ける。
薪ストーブで肉を煮る楽しさも、
新物の青のりの香りも、
パール柑のみずみずしさも、
全てこの地で教えてもらった。

蒸しセロリときんかんの前菜
p.77

レバーペースト
—
p.77

レバーペースト
—
p.77

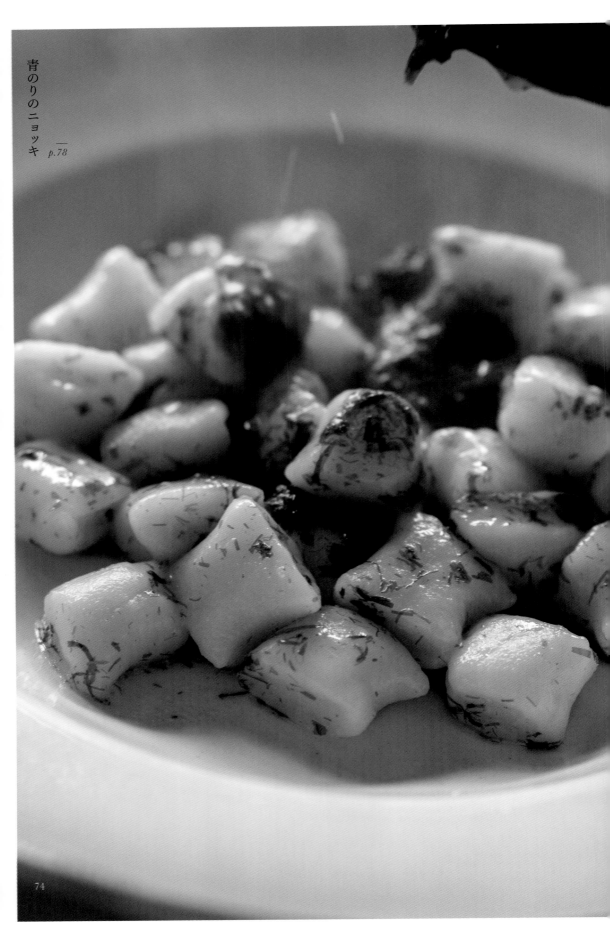

青のりのニョッキ p.78

鶏肉のクリームシチュー

p.79

パール柑のゼリー
p.80

蒸しセロリときんかんの前菜
——
p.72

セロリの軸	4本（約200g）
セロリの葉	20g
塩漬けケッパー	4粒
アンチョビ	1/2枚
酢漬けきんかん (*p.67*)	1/2個
きんかん酢 (*p.67*)	20g
オリーブ油	40g
塩	

セロリは葉と軸に分け、冷水につけておく。

軸は蒸気の立った蒸し器に入れ、強火で3分ほど蒸す。

バットに塩水を作っておき、色よく蒸し上がったセロリを浸して冷ます。

5cm長さに切り揃え、水気を切って皿に並べる。

セロリの葉、切り落とした端、塩漬けケッパー、アンチョビ、酢漬けきんかんをそれぞれみじん切りにして合わせ、きんかん酢とオリーブ油を加えてよく混ぜる。

セロリにソースをかけ、粗塩をふる。

レバーペースト
——
p.73

作りやすい分量

鶏レバー	100g（正味）
玉ねぎ	100g
ローリエ	2枚
オリーブ油	20g
洋酒（シェリーまたはブランデー）	40g
バター	10g
塩	
こしょう	
水	
［仕上げ］	
パン	
バター	

鶏レバーは白い脂肪と血の塊を丁寧にのぞき、冷水にしばらくつけて血抜きをする。

いったんざるに上げ、さらにしばらく冷水につけてからざるに上げ、水気を切っておく。

玉ねぎは薄切りにする。

フライパンを中火で温めてオリーブ油を引き、中強火で玉ねぎとローリエを炒める。

作り方　次頁につづく

時々混ぜながら炒め、粗塩をふり、玉ねぎに濃い焼き色がつき始めたら
水を少々加え、全体にこんがりとした色がつくまで炒める。
飴色になったら鶏レバーを加え、強火でレバーをつぶさないように炒める。
フライパンの底にほぼ水分がなくなったら、洋酒を回しかけてフランベ
する。
強火のまま時々混ぜながら炒め、再びフライパンの底から水分が飛んだ
ら火を止める。
ローリエをのぞいてこしょうをたっぷりと挽き、フードプロセッサーに
かける。
なめらかになったら薄く切ったバターを加えてさらに撹拌し、塩味をと
とのえてもう一度撹拌する。
器に移し、空気を抜くようにラップをしてよく冷やしておく。
かりっと焼いた熱々のパンと冷たいバターとともに供する。

青のりのニョッキ
p.74

[ニョッキ]
じゃがいも ——————————————— 400g（正味）
強力粉 ————————————————— 約100g＋打ち粉
[ソース]
青のり（スジアオノリ） ——————— 2g
バター ——————————————————— 40g
塩

じゃがいもは皮ごとやわらかく蒸し、熱いうちに皮をむき、マッシャー
でつぶして木の台の上に広げる。
粗熱が取れたら強力粉を加え、ねりすぎないようにひとまとめにする。
ベタつくようなら適宜打ち粉をしながら、半分に切っては合わせ、また
半分に切っては合わせることを繰り返す。
断面に割れ目や粉の塊がなくなったら、ボウルをかぶせておく。
台の上に打ち粉をして生地をひとつかみ分ずつ取り、手のひらの下の方
を軽く当ててやさしく転がし、1cm太さの紐状に伸ばす。
打ち粉をしてナイフで1cm長さに切り、打ち粉をして広げておく。
湯を沸かし、粗塩を入れてニョッキをゆでる。
その間にフライパンにバターと青のりをくずして入れ、弱火にかける。
ニョッキが浮き上がってきたら網ですくい、ソースのフライパンに入れる。
ゆで汁を加えながら中弱火でソースがとろりとするようにやさしくあえる。
塩味をととのえ、温めた皿に盛る。

* スジアオノリは、熊本県・球磨川河口で養殖され、12月から2月に収穫される。食用
　とされる青のり類の中で、最も香りが高くおいしい品種とされている。
* ニョッキをゆでるまでに1時間以上おく場合は、バットに広げて冷凍する。かたまっ
　たら袋に入れて密閉保存する。

鶏肉のクリームシチュー
—
p.75

鶏骨つきもも肉 ——————————	4切れ（約600g）
香味野菜	
（ねぎ、玉ねぎ、にんにく、セロリなど）	
ハーブ	
（オレガノ、マジョラム、フェンネル、ローリエ、	
セージ、イタリアンパセリなど）	
米油 ——————————————	20g
生クリーム —————————————	大さじ2
水	
塩	

鶏骨つきもも肉は白い脂や血の塊をのぞく。
厚手鍋を中火で温め、米油を引いて皮目からじっくりと焼く。
皮がこんがりしたら裏返して粗塩をふり、適当に刻んだ香味野菜とハーブを入れて水をかぶるくらい注ぐ。
ふたをして中火にかけ、煮立ったら150℃のオーブンで20分焼く。
温めた皿に鶏肉を盛り、スープの塩味をととのえて煮立てる。
スープを漉してかけ、生クリームを回しかける。

* オーブンがない時は、いったん煮立てたらごく弱火にして30分ほど煮る。

ゆでほうれん草

ほうれん草
レモン
オリーブ油
塩

ほうれん草は根から1本ずつはずして洗い、たっぷりの冷水に浸しておく。
湯を沸かして粗塩を入れ、湯の中でほうれん草がゆったりと泳ぐようにゆでる。
量が多い時は、何度かに分けてゆでる。
ややややわらかくゆでたら、ざっと湯を切って温めた器に盛る。
レモンを搾り、オリーブ油をまわしかけ、粗塩をふる。

* 肉厚のちぢみほうれん草で作るとおいしい。

パール柑のゼリー

——
p.76

4−5個分
[ゼリー]
パール柑（無農薬）の皮 —————— 1/2個分
パール柑の果汁 —————— 60g
水 —————— 350g
板ゼラチン —————— 8g
グラニュー糖 —————— 100g
[ソース]
卵黄 —————— 1個分
グラニュー糖 —————— 15g
牛乳 —————— 50g
ホワイトラム —————— 5g
[仕上げ]
パール柑 —————— 1/2個

ゼリーを作る。
パール柑は横半分に切り、汁を搾って漉し、皮は黄色い部分だけにする。
板ゼラチンを冷水でふやかしておく。
パール柑の黄色い皮と水150gを鍋に入れてふたをして中火にかけ、煮立ったらごく弱火で5分煮る。
グラニュー糖を加え混ぜ、溶けたら火を止め、板ゼラチンの水気を絞って加え混ぜる。
パール柑の果汁と残りの水200gを加え、氷水に当てながら、鍋底が冷たくなるまでゆっくりと混ぜる。
型に漉し入れ、冷蔵庫で冷やしかためる。
ソースを作る。
小鍋に卵黄を入れてへらで混ぜ、グラニュー糖を加えてよく混ぜる。
牛乳を少しずつ加え、なめらかになるまで混ぜる。
中弱火にかけて常に混ぜながら煮る。
へらで混ぜた時に表面が動かず、ぴたっと止まるようになったら火から下ろす。
ホワイトラムを加え混ぜ、冷やしておく。
仕上げ用のパール柑は、皮と種をのぞき、冷やす。
ゼリー型を熱湯にほんの一瞬つけ、器に返して抜く。
パール柑の果肉を細かくほぐして散らし、ソースを回しかける。

* パール柑の代わりに文旦や晩白柚、ポメロなどを使ってもよい。

2017年
3月

梅がほころび、桜が膨らむ頃。
艶やかな花々のように人目を引くことはないが、
根元でひっそりと春を告げる野の草に、
私は、強く惹かれる。
冬の間に土の中で蓄えた香りを皿に盛り込むうち、
真の春の訪れを解するのだ。

桜の梅蜜湯 p.90

ごま豆腐・せりみそ
p.90

春キャベツとがんもどきの蒸し合わせ
—
p.91

豆
薄
氷
—
p.96

89

桜の梅蜜湯

p.82

1人分
桜の花 ——————————— 1輪分
梅シロップ ——————————— 大さじ1
熱湯 ——————————— 大さじ2

小さな茶碗に梅シロップを注ぎ、桜の花びらを浮かべ、熱湯を注ぐ。

ごま豆腐・せりみそ

p.83

ごま豆腐 ——————————— 4切れ
［せりみそ］
せり ——————————— 20g
白ねりごま ——————————— 5g
みそ ——————————— 5g
昆布だし（下記） ——————————— 10g
［仕上げ］
昆布だし ——————————— 60g

せりみそを作る。
せりは根を落として色よく塩ゆでしてから、ほどよい塩味をつけた塩水
にさらしておく。
水気を切り、ごく細かく刻む。
白ねりごま、みそ、昆布だしと合わせてよく練る。
ごま豆腐をめいめいの器に盛り、せりみそをのせ、まわりに昆布だしをはる。

＊ ごま豆腐の代わりに落花生豆腐、生麩、蒸した豆腐などで作ってもよい。

昆布だし

作りやすい分量
水 ——————————— 500g
昆布 ——————————— 10g

水と昆布を鍋に入れて数時間おく。
ごく弱火で煮て、昆布が浮き上がってきたら取り出す。

＊ だしを取った昆布は、すしめしのごはんを炊く時、野菜や肉を煮る時などに使うと
よい。

春キャベツとがんもどきの蒸し合わせ
—— *p.84*

春キャベツ	1/2個
がんもどき	中4個
酒	大さじ2
薄口しょうゆ	大さじ1
いりこと昆布の水だし (*p.64*)	200g
塩	
青山椒	少々

春キャベツはかたい葉をはずし、半分を4等分のくし形に切る。

蒸し皿に切り口を上にして並べ、塩少々をふる。

がんもどきは沸騰した湯に入れ、再沸騰したら1分ほどゆでてからざるに上げて洗い、水気を切る。

酒、薄口しょうゆ、だしであえ、キャベツの合間に入れ、浸した汁を回しかける。

蒸気の立った蒸し器に入れ、強火で10分蒸す。

いったん火を消して味をなじませてから、もう一度火にかけ、5分蒸して熱々にする。

器に汁ごと取り分け、青山椒を挽く。

* がんもどきの代わりに厚揚げでもよく、野菜も季節に応じて好みのものを。蒸す時間は素材により調整する。

* だしにクリームコロッケ (*p.92*) のあさりの蒸し汁を加えてもおいしい。

あさりと新にんじんのクリームコロッケ
——
p.85

4個分
あさり ——————————— 16個（大8個）
水 ————————————— 200g
酒 ————————————— 50g
新にんじん ——————————— 300g
バター ——————————— 30g
薄力粉 ——————————— 40g
牛乳 ————————————— 200g
塩
水
[衣]
卵 ————————————— 1個
小麦粉 ——————————— 20g
生パン粉（細かいもの）
[その他]
揚げ油
塩

砂抜きをしたあさりをきれいに洗って鍋に入れ、水と酒を加えてふたを
して強火にかける。
口が開いたら火を止めて汁を漉し、身を殻から外す。
新にんじんを千切りにして鍋に入れ、バターを散らし、塩をふり、水を
少々回しかける。
ふたをして中弱火にかけ、時々混ぜながら蒸し炒めにする。
へらで簡単につぶれるくらいにやわらかくなって甘みが出たら、薄力粉
を加える。
混ぜながら粉気がなくなるまで炒め、牛乳を加えて中火で混ぜながら煮る。
煮立ってとろみがついてきたら、漉したあさりの汁を加える。
鍋底から混ぜながら煮て、中心が沸騰したら塩味をととのえて火を止める。
バットに移してラップをはりつけ、粗熱が取れたら冷蔵庫で冷やす。
卵と小麦粉を合わせて泡立て器でなめらかになるまでよく混ぜ、バッター
液を作る。
コロッケの生地を4等分し、等分したあさりを包み、俵形にする。
バッター液をまんべんなくまぶし、生パン粉をたっぷりと入れたバット
に移して全体にまぶす。
180℃に熱した油にそっと入れる。
2分ほど触らないように揚げ、下面にきれいな色がついたら、裏返して
さらに1分ほど揚げる。
おいしそうな色がついたら油を切って皿に盛り、粗塩をふる。

* あさりの代わりにはまぐりを使ってもよい。

蒸しずし

p.86

[酢飯]

米	1カップ
水	3/4カップ
酒	1/4カップ
昆布	1枚

[合わせ酢]

米酢	50g
きび砂糖	大さじ1
塩	小さじ1/2

[具]

真鯛の切り身	2切れ
塩	

れんこんの甘酢漬け

れんこん（細いもの）	100g
米酢	20g
塩	小さじ1/2
きび砂糖	小さじ1
たけのこ（下ゆでしたもの）	中1本

錦糸卵

卵	4個
片栗粉	小さじ2
水	小さじ2
きび砂糖	小さじ4
塩	ふたつまみ
米油	少々
スナップえんどう	12本
昆布だし	
塩	

米は研ぎ、ざるに上げて30分以上おく。

合わせ酢の材料をよく混ぜておく。

真鯛の切り身は塩をふって30分ほどおき、出てきた水分をペーパーで軽く拭く。

れんこんは皮をむいてごく薄い輪切りにし、酢水にさらしておく。

湯を沸かして酢（分量外）を入れ、ほどよく歯ごたえが残る程度にゆでたら盆ざるに上げてしっかりと水気を切る。

米酢、塩、きび砂糖を混ぜ、れんこんが熱いうちにまぶしておく。

たけのこは皮をむき、かたいところをのぞいて一口大の乱切りにする。

錦糸卵を作る。

ボウルに片栗粉と水を入れてよく溶き、卵、きび砂糖、塩を加えてさらによく混ぜる。

フライパンを中火で熱して米油を薄く引き、卵液を薄く流す。

下の面にほぼ火が入ったら裏返し、さっと火を通したらすぐに取り出す。

全て焼けたら重ねてくるりと巻き、千切りにする。

作り方　次頁につづく

スナップえんどうは塩を入れた湯で色よくゆで、冷たい昆布だしに浸しておく。

鍋に米を入れ、水、酒、昆布を加え、真鯛の切り身とたけのこをのせて炊く。

沸騰したらごく弱火で13分炊き、火を止めて5分蒸らす。

真鯛と昆布を取り出し、真鯛は皮と血合いをのぞいたら戻し入れる。

熱々のごはんを濡らした飯台にあけ、合わせ酢を回しかける。

れんこんの水分を切って加え、切るように混ぜながらうちわであおぐ。

オーブンシートを敷いたせいろに移して強火で10分蒸し、錦糸卵をふんわりとのせて、さらに1分蒸す。

熱々をめいめいの器に盛り、スナップえんどうの筋を取って開いて散らす。

* このまま食べてもおいしいちらしずしになるが、蒸し立ての香りは格別。のりで巻いて食べるとまたおいしい。
* 米の量が少ないが、具がかなり多いので混ぜるとたっぷりになる。

春のだご汁
— p.87

[だご]
強力粉 ——————————— 50g
薄力粉 ——————————— 50g
水 ————————————— 50g
[汁]
いりこと昆布の水だし (p.64) ——————— 800g
酒 —————————————— 20g
塩
[具]
春野菜いろいろ
(今回は、菜花、たけのこ、しいたけ、アスパラガス、
新じゃが、新たまねぎ、スナップえんどう、グリーンピース、こごみ)

だごを作る。

ボウルに強力粉、薄力粉を入れて山にし、中心にくぼみを作り、水を少しずつ注いで混ぜていく。

ひとまとめにしたら台の上に移し、表面がなめらかになるまでこねる。

丸めてとじ目を下にして、ボウルをかぶせて30分ほどおく。

生地を平たい形になるようにちぎり（大きさは多少ばらばらでもよいが、厚みは大体揃える）、乾いた板の上に広げておく。

具の野菜は、必要に応じた下ごしらえをし、火が通りやすく、食べやすいように切る。

鍋にいりこと昆布のだし、酒、塩を入れて中火にかける。

火の通りにくい野菜から順に入れ、あくを取って弱火で煮る。

作り方　次頁につづく

その間に別の鍋に湯を沸かしてだごをゆで、ほどよいかたさになったら、野菜の鍋に加える。

一煮立ちしたら緑のやわらかな野菜を入れ、青々としたらすぐに火を止める。

* 小麦粉は、本来は地粉を使う。
* 好みで柚子こしょうや柚子塩ペースト（*p.68*参照）を添える。
* 野菜は、春はほかにかぶ、祝蕾、芽キャベツ、夏はトマトやなす、オクラ、秋はきのこ、栗、かぼちゃ、冬はねぎやゆりねなど、それぞれの季節のものを使って作るとよい。

かぶのはさみ漬け

—— *p.88*

かぶ ———————————————— 小4個
塩
米酢
[具]
梅干し、ローゼルの塩漬け、桜の塩漬け、柚子塩など
[仕上げ]
大根の花

かぶは葉を落とし、葉がついていた側から皮ごと1〜2mm厚さの輪切りにする。

バットに少し塩辛いと感じるくらいの塩水を作り、かぶを2枚1組にして浸しておく。

きれいに形が揃うところまで切り、残った分はほかの料理に使う。

かぶがしんなりとしたら、ざるに上げてざっと水気を切り、間に好みの具を少々はさむ（*a*）。

米酢を少々回しかけて全体になじませておく。

器に盛り、大根の花をあしらう。

* 赤かぶを使うと色鮮やかになる。

a

豆薄氷
——
p.89

[大豆の蜜煮]（作りやすい分量）
好みの大豆 ——————————— 100g
グラニュー糖 ——————————— 1カップ
水 ——————————————— 1カップ
[薄氷]
粉寒天 ——————————————— 1.5g
水 ——————————————————— 200g
グラニュー糖 ——————————— 20g
[仕上げ]
すみれの花 ——————————— 4輪

大豆の蜜煮を作る。
大豆はたっぷりの熱湯をかけ、冷めたら水を切って再びたっぷりの熱湯をかけておく。
湯が冷めたら、蒸気の立った蒸し器で、強火で40分蒸す。
その間に蜜を作っておく。
グラニュー糖と水を鍋に入れ、ふたをして中弱火で煮て、グラニュー糖が溶けたら火を止める。
蒸し立ての大豆のゆで汁を切り、すぐに熱くした蜜に浸す。
オーブンシートで落としぶたをして、弱火で30分煮る。
火から下ろして冷まし、冷やしておく。
薄氷を作る。
鍋に水と粉寒天を入れて中火にかける。
寒天が下にかたまらないように、へらで常に混ぜながら煮る。
吹き上がった瞬間にグラニュー糖を加えて混ぜ、再び吹き上がったらすぐに火を止める。
すぐにキッチンペーパーで表面をさっと拭うようにしてあくを取る。
大きなバットに流し、できあがりの厚みが約2mmになるようにする。
（大きなバットがない場合は、いくつかのバットに分けて流す）
常温で5分ほどおいてかたまったら、5cm角に切る。
器に大豆の蜜煮を大さじ1ほど入れて冷やしておく。
薄氷をのせ、蜜をかけ、すみれの花をあしらう。

* 大豆の代わりにほかの豆を使ってもよい。
* 大豆の蜜煮のほか、季節の果物を包み、それぞれに合ったシロップをかけると美しく、おいしい。
* 薄氷はあらかじめ作らず、できたての絶妙なやわらかいところをいただく。

2017年
4月

この季節になると、プーリアの丘の上の
小さな村で過ごした日々を思い出す。
少しの粉と豆、トマトや香草が、
人の心を掴んで離さない。
その気づきは、いまも私の中で生きている。

田舎風ソースの３本指のカヴァテッディ

p.103

フェンネル風味のはだかのサルシッチャ

p.104

そら豆のピュレとゆでレタス　*p.105*

100

焼き玉ねぎ
—
p.105

バナナのキャラメルジェラート p.106

田舎風ソースの３本指のカヴァテッディ

p.98

［生地］
セモリナ粉 ———————————— 200g
水 ——————————————— 約90g
［ソース］
ミニトマト（完熟）———————— 40個
田舎パン ——————————— 40g
パルミジャーノ・レッジャーノ ——— 20g
ドライオレガノ ———————— 小さじ1/2
オリーブ油 ————————— 40g
塩

カヴァテッディを作る。
ボウルや台の上にセモリナ粉を山にし、中心にくぼみを作って水を注ぎ、
へらなどで中心から混ぜる。
ひとまとめにしたら、台の上に移し表面がなめらかになるまでこねる。
丸めてとじ目を下にし、ボウルをかぶせて30分ほど休ませる。
生地をひとつかみ取り、台の上で両手のひらの下のほうで軽く力を入れ
ながら台の上で転がす。
この時、べたつくようなら打ち粉を適宜まぶす。
1cm太さの紐状に伸ばし（*a*）、端から4cm長さに切る（*b*）。
人差し指、中指、薬指で生地の上を軽く押さえ、手前にくるりと転がす（*c*）。
打ち粉をして乾いた板や布の上に広げておく。

a　　　　　　　*b*　　　　　　　*c*

ソースを作る。
田舎パンを小さく切り、フードプロセッサーにかけて粗挽きのパン粉を
作る。
オーブンシートを敷いた天板に広げ、150℃のオーブンで10分焼いて
水分を飛ばす。
ミニトマトはへたを取り、半分くらいまで切れ込みを入れる。
耐熱皿にオーブンシートを敷き、ミニトマトを入れる。
ドライオレガノを指先でもんで全体にふり、パルミジャーノ・レッジャー
ノをすりおろす。

作り方　次頁につづく

オリーブ油をまんべんなく回しかけ、パン粉をふる。

150℃に温めたオーブンで30〜40分焼き、ミニトマトにしわがより始めたら火を止め、冷めないようにしておく。

湯を沸かして粗塩を入れ、カヴァテッディをゆでる。

かたい芯がなくなったら手つきのざるで湯を切り、温めた皿に盛る。

熱々のソースをかけてオリーブ油を回しかけ、粗塩をふる。

フェンネル風味のはだかのサルシッチャ ——
p.99

豚肉（肩ロース、もも、ばらなど混ぜる）	400g
塩	4g
にんにく	1かけ
フェンネルシード	小さじ1
フェンネルの葉	ひとつかみ
こしょう	
オリーブ油	10g
ワイン（赤白好みで）	100g

豚肉は薄切りにしておく。

フードプロセッサーに粗塩とにんにくを入れて挽く。

豚肉、フェンネルシード、フェンネルの葉を加え、こしょうを挽いて粗く撹拌する。

肉同士が少しつながり始めたら取り出し、8等分にする。

空気を抜きながら手のひらの中で軽くにぎり、やや細長い形にまとめる。

中火で温めたフライパンにオリーブ油を引き、サルシッチャを並べて焼く。

表面に色がついたらワインを注ぎ、ふたをして弱火で5分ほど蒸し焼きにする。

* フェンネルシード、フェンネルの代わりに赤唐辛子を入れてもおいしい。

そら豆のピュレとゆでレタス
p.100

[そら豆のピュレ]
そら豆 ————————————— 180g（正味）
焼き玉ねぎ ——————————— 40g
オリーブ油 ——————————— 大さじ1（10g）
塩
水
[ゆでレタス]
好みのレタス ————————— 1株
塩
[仕上げ]
オリーブ油 ——————————— 大さじ4
塩

そら豆は薄皮までむき、鍋に入れる。
焼き玉ねぎの皮をむいて加え、オリーブ油を回しかけて粗塩をふる。
水をかぶるくらいまで注いでふたをし、中火で蒸し煮にする。
そら豆がくずれるくらいにやわらかくなったら、へらでつぶすように混ぜて火を止める。
さらになめらかになるまで混ぜ、塩味をととのえる。
ゆでレタスを作る。
レタスは1枚ずつはがして洗い、たっぷりの冷水につけておく。
湯を沸かして粗塩を入れてゆで、量が多い時は何回かに分けてゆでる。
ざっと水気を切り、温めた器に盛り、熱々のそら豆のピュレを添える。
オリーブ油を回しかけ、粗塩をふる。

焼き玉ねぎ
p.101

豚肉（肩ロース、もも、ばらなど混ぜる）——— 400g
新玉ねぎ ——————————— 4個（小さければ8〜12個）
塩漬けケッパー ————————— 小さじ1
ミント
赤ワインビネガー ————————— 大さじ1
オリーブ油 ——————————— 大さじ2

新玉ねぎは皮ごとオーブンシートを敷いた天板に並べ、160℃のオーブンで約1時間焼く。
中まですっと串が通るまで焼けたら、そのまま冷ましておく。
皮をむき、かたいところをのぞいて縦半分に切り、器に盛る。
赤ワインビネガーとオリーブ油を回しかける。
塩漬けケッパーのみじん切りとちぎったミントの葉を散らす。

バナナのキャラメルジェラート

──
p.102

バナナ（完熟）	200g（正味）
グラニュー糖	50g
生クリーム（42〜47%）	150g
[仕上げ]	
コーヒー豆	10粒
好みのナッツ（今回はマカデミアナッツ）	
はちみつ	小さじ4
粗いきび砂糖	小さじ2

バナナは皮と筋をのぞいて、ごく薄切りにする。

小鍋にグラニュー糖を入れて中火にかけ、鍋をゆらしながら混ぜないように煮る。

濃い飴色になったらバナナを入れて火を止め（*a*）、すぐにへらでよく混ぜる。

バナナが溶けるまで混ぜ、砂糖の塊を弱火にかけて混ぜながら溶かす。

生クリームを入れてさらに混ぜ（*b*）、バットに流す。

粗熱が取れたら、オーブンシートを表面にぴったりと張りつけて冷凍庫に入れ、一晩かけて冷やしかためる。

ジェラートの生地をフードプロセッサーに適当に分けて入れ、なめらかになるまで撹拌する。

冷やした器に盛り、挽いたコーヒー豆と粗く刻んだナッツを散らし、はちみつ、きび砂糖をかける。

a   *b*

2017年
5月

初夏、ガラスの器に料理を盛る。
紅色の深鉢に赤い野菜、
翡翠色の平鉢に薄緑の野菜……。
色を重ねるたび、いつになく心が昂る。
一足早く夏が訪れるこの地では、
体がもう、夏の食べ物を欲している。

トマトとパプリカのマリネ
p.114

初夏のポテトサラダ
— p.115

すっぱ鶏 _p.116_

緑飯
p.116

のり梅汁 *p.117*

のり梅汁
——
p.112

1人分
のり —————————————— 1/2枚
梅干し —————————————— 1個
しょうゆ —————————————— 少々
熱湯

のりを小さくちぎって椀に入れる。
梅干しを入れ、しょうゆをたらし、沸騰した湯を注ぐ。

すいか白玉
——
p.113

すいか
[白玉](約20個分)
白玉粉 —————————————— 60g
グラニュー糖 —————————————— 15g
ココナッツミルク —————————————— 60g
[ソース]
すいか —————————————— 160g（正味）
梅シロップ —————————————— 30g

白玉を作る。
白玉粉にグラニュー糖を混ぜ、ココナッツミルクを少しずつ入れて混ぜる。
なめらかになるまでしっかりとこねてから等分して丸め、中心をくぼませる。
湯を沸かして白玉を入れ、中火でゆでる。
浮き上がってきたらさらに2分ほどゆで、網ですくって水に取る。
水が透明になるまで水を変え、供するまで水につけておく。
よく冷やしておいたすいかを、くり抜き器で丸くくり抜く。
ソースを作る。
すいかの残りの果肉は、梅シロップとともにミキサーやブレンダーでなめらかに撹拌する。
器にしっかりと水気を切った白玉とすいか、氷を盛る。
卓上で白玉とすいかのまわりにソースを注ぐ。

* ココナッツミルクを牛乳に代える場合は、50gほど入れる。

2017年
6月

粉と水をこねて麺を作る。
世界の料理の歴史において、
これほど偉大な発明はあっただろうか。
イタリアに暮らし、
その思いはより強くなった。

赤ワインのタリオリーニ

p.125

120

夏野菜のズッパ
—
p.126

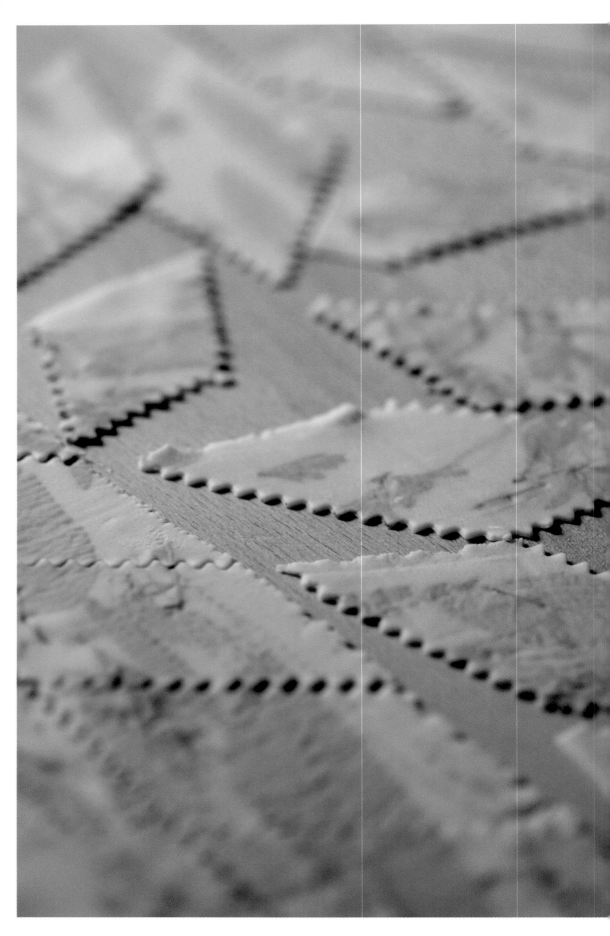

ズッキーニとハーブのロザンゲ

p.127

123

パイナップルのティラミス
p.128

124

赤ワインのタリオリーニ

——
p.120

[生地]
セモリナ粉 ——————————— 200g＋打ち粉用 適量
水 ——————————————— 約90g
[ソース]
赤ワイン ————————————— 1カップ
にんにく ————————————— 1かけ
ローズマリー ——————————— 1枝
赤唐辛子 ————————————— 2本
オリーブ油 ———————————— 大さじ4
塩

タリオリーニを作る。
ボウルや台の上にセモリナ粉を山にし、中心にくぼみを作って水を注ぎ、
へらなどで中心から混ぜる。
ひとまとめにしたら台の上に移し、表面がなめらかになるまでこねる。
丸めてとじ目を下にして、ボウルをかぶせて30分ほど休ませる。
たっぷりと打ち粉をしながら、麺棒で生地を1mm厚さに伸ばす。
打ち粉を両面にまぶししばらくおき、表面を軽く乾かす。
べたつきがなくなったら、蛇腹に折り畳んで（*a*）包丁で1mm幅に切る（*b*）。
空気を入れるようにほぐし（*c*）、打ち粉をして乾いた板や布の上に広げ
ておく。

a   *b*   *c*

ソースを作る。
フライパンにオリーブ油を引き、つぶしたにんにくと粗く刻んだ赤唐辛
子を入れ、弱火にかける。
香りが立ってきたら、赤ワインを加えて強火でしっかりと煮立て、火
を止めておく。
ローズマリーは葉を粗みじん切りにし、仕上げ用を少々取り分けておく。
湯を沸かして粗塩を入れ、タリオリーニをゆでる。
すぐにひと混ぜし、ゆでている間も時々かき混ぜてパスタ同士がくっ
つかないようにする。

作り方　次頁につづく

再沸騰したら湯を少し取り分け、ざるに上げて湯を軽く切る。

強火で熱々にしたソースのフライパンに入れ、よくあえる。

様子を見て水分が足りないようなら、ゆで汁を加えながらあえる 。

とろりとしたら塩味をととのえ、オリーブ油を加え混ぜて火を止める。

温めた器に盛り、ローズマリーの葉のみじん切りを散らし、オリーブ油
を回しかけ、粗塩をふる。

* タリオリーニは、約2〜3mm幅の手打ちのロングパスタ。トマトソースやバターなど、
　具のないソースと相性がよく、具を入れる場合も小さく刻んだものが合う。

夏野菜のズッパ

p.121

［ズッパ］
完熟トマト ——————————————— 500g
田舎パン ————————————————— 30g
にんにく —————————————————— 1かけ
オリーブ油 ————————————————— 大さじ2
塩
［夏野菜のマチェドニア］
きゅうり —————————————————— 1本
パプリカ —————————————————— 1個
ピーマン —————————————————— 1個
赤玉ねぎ —————————————————— 小1/4個
プチトマト ————————————————— 20個
オリーブ油 ————————————————— 大さじ2
赤ワインビネガー ———————————— 大さじ1〜2
塩

トマトはへたを取り、へたの部分から指を入れて裂く。

ボウルに入れ、両手でもむようにして果肉をつぶす。

田舎パンは水に浸し、やわらかくなったら水気を絞り、小さくくずして
トマトのボウルに入れる。

つぶしたにんにくとオリーブ油を加えてよく混ぜ、冷やしておく。

マチェドニアの野菜は、必要に応じて種や皮をのぞき、小さなさいの目
に切る。

合わせてボウルに入れ、オリーブ油と赤ワインビネガーを加えてよく混
ぜ、よく冷やしておく。

供する前にズッパに塩を加えてよく混ぜ、皿に盛る。

夏野菜のマチェドニアを上に盛り、粗塩をふる。

[生地]
強力粉 ——————————— 200g
水 ————————————— 約100g
ハーブ
（イタリアンパセリ、バジリコ、ディル、
　フェンネル、ミント、ルーコラなど）
[仕上げ]
ズッキーニ ————————— 1本
ハーブ（ロザンゲに使ったのと同じもの）
バター（発酵）—————————— 40g
パルミジャーノ・レッジャーノ
塩

ロザンゲを作る。
ボウルや台の上に強力粉を山にし、中心にくぼみを作って水を注ぎ、へ
らなどで中心から混ぜる。
ひとまとめにしたら台の上に移し、表面がなめらかになるまでこねる。
丸めてとじ目を下にして、ボウルをかぶせて30分ほど休ませる。
台の上に打ち粉をし、生地を麺棒で1mm厚さに伸ばす。
半分に切り、一方にハーブの葉を散らし（a）、もう一方の生地をかぶせる（b）。
打ち粉をして再び1mm厚さに伸ばしてナイフやローラーで菱形に切り、
乾いた板か布の上に広げておく（c）。
ハーブの葉先を摘み、粗く刻む。
ズッキーニは3mm厚さの輪切りにする。
湯を沸かして粗塩を入れ、ロザンゲをゆでる。
再沸騰したらズッキーニを加え、ロザンゲがほどよいかたさになったら、
手つきのざるですくう。
温めた皿に盛り、ハーブを散らし、薄切りのバターをのせる。
パルミジャーノ・レッジャーノを削り、粗塩をふる。

a　　　　　　　b　　　　　　　c

パイナップルのティラミス
——
p.124

[パイナップルのマリネ]
パイナップル ——————————— 果肉300g＋果汁
きび砂糖 ——————————————— 30g
レモン汁 ——————————————— 30g
[クリーム]
卵白 ———————————————————— 2個分
グラニュー糖 ——————————— 30g
卵黄 ———————————————————— 2個分
マスカルポーネ ———————————— 200g
フィンガービスケット ——————— 約24本

パイナップルのマリネを作る。
パイナップルは皮と芯をのぞき、5mm厚さのいちょう切りにしてボウルに入れる。
皮を搾った果汁を加え、きび砂糖とレモン汁をまぶして冷やしておく。
クリームを作る。
ボウルに卵白を入れて冷凍庫で縁がやや凍るまで冷やしてから、泡立て器で泡立てる。
ふんわりと泡立ったらグラニュー糖を2回に分けて加え、角がおじぎするくらいまで泡立てる。
別のボウルに卵黄とマスカルポーネを入れ、泡立て器でなめらかになるまで混ぜる。
メレンゲをひとすくい卵黄生地に落とし、混ぜ合わせる。
混ざったら残りのメレンゲを加え、泡をつぶさないようにへらで手早く混ぜる。
パイナップルのマリネをざるに入れ、汁をバットに入れる。
汁にフィンガービスケットを両面浸したら、半量を器に並べる。
クリーム、パイナップルの順に半量ずつのせ、同様にもう一段繰り返す。
冷蔵庫で半日以上冷やし、ビスケットにシロップがしみて、ふんわりとしたら食べる。

* 余ったら凍らせてフードプロセッサーにかけるとおいしいジェラートになる。

2017年
7月

盛夏。体が求めるものを心で受け止め、
料理をする手に伝える。
水、酸、涼、艶やかな色。
暑さにうなだれた体も、
食べるごとに息を吹き返す。

アボカド奈良漬け豆腐 *p.137*

板春雨と夏野菜の落花生だれ

p.137

131

茶鶏 p.138

冷やしわんたん
_p.138_

豚のバジリコ巻きとなすの辛味だれ p.140

大根と冬瓜の甘酢あえ

—
p.140

アボカド奈良漬け豆腐

p.130

豆腐	1丁
アボカド	1個
奈良漬け	
みょうが	1本
すだち	2個
米油	小さじ4
塩	

豆腐は水分を切っておく。

アボカドは皮と種をのぞき、一口大に切る。

奈良漬けとみょうがはそれぞれ千切りにする。

切り分けた豆腐を器に盛り、アボカド、奈良漬け、みょうがをのせる。

すだちを搾り、米油を回しかけ、粗塩をふる。

板春雨と夏野菜の落花生だれ

p.131

板春雨	20g
好みの野菜（ゴーヤ、ピーマン、きゅうり、新玉ねぎ、新しょうが、	
パプリカ、にんじん、みょうが、ミニトマト、とうもろこしなど）	
［たれ］	
ピーナッツペースト	大さじ1
麦みそ	大さじ1
マスタード	大さじ1
酢	大さじ1
酒	大さじ1
きび砂糖	小さじ1
［仕上げ］	
煎り落花生	大さじ1

野菜は、素材に応じた下ごしらえをする。

基本的に全て生で、ゴーヤ、ピーマン、きゅうり、新玉ねぎ、パプリカ、にんじん、みょうがは、刻んでうっすら塩味をつけた塩水に浸しておく。

ミニトマトは半割りにし、とうもろこしは実を外しておく。

板春雨は食べやすい長さに切り、沸騰した湯で10分弱（商品によってゆで時間が変わる）ゆでる。

水に取って食べてみて、ほどよいかたさになっていたら、ざるに上げて冷水で洗う。

たれの材料を混ぜる。

器に水気を切った板春雨を中心に盛り、野菜をそれぞれ彩りよく盛りつける。

たれをかけ、煎り落花生を粗く刻んでふり、ざっくりと混ぜて供する。

* 板春雨の代わりに、くずきりや緑豆春雨を使ってもよい。

茶鶏
—
p.132

鶏肉（もも、胸）	各1枚
塩	肉の1.5％
好みの中国茶の茶殻	ひとつかみ（乾燥茶葉約2g分）
香味野菜（玉ねぎ、ねぎ、しょうが、にんにく）	
粒こしょう	10粒
酒	1/2カップ
［仕上げ］	
ねぎの白いところ	1本分
ごま油	大さじ2
塩	

鶏肉は脂身をのぞき、粗塩をまぶして網にのせ、冷蔵庫に入れて数時間おく。
鍋に鶏肉がたっぷりつかるくらいの水を入れ、茶殻、適当に刻んだ香味野菜、粒こしょう、酒を入れて煮立てる。
しばらく煮て香りが立ったら、鶏肉をもも肉、胸肉の順番に入れ、すぐに火を止め、ふたをして、そのまま粗熱が取れるまでおく。
ねぎの白いところは千切りにし、冷水にさらして水気を切る。
鶏肉を鍋から取り出し、食べよく切るか手で裂いて器に盛る。
白髪ねぎをのせ、ごま油を回しかけ、粗塩をふる。

冷やしわんたん
—
p.133

30個分	
わんたんの皮	30枚
［具］	
いか（刺身用）	50g
鶏ひき肉	50g
きゅうり	100g
ピーマン	50g
しそ	10枚
しょうが	1かけ
ごま油	小さじ2
酒	小さじ2
塩	
青山椒	
［たれ］	
梅肉	大1個（15g）
青唐辛子酢（*p.139*）	大さじ1/2
しょうゆ	大さじ1/2
ごま油	大さじ1/2
ごま	大さじ1/2

作り方　次頁につづく

具を作る。

きゅうりとピーマンはへたや種をのぞき、薄い小口切りにして2%の塩をまぶす。

しばらくおいて水分が出てきたら、しっかりと絞る。

いかは皮、わた、軟骨などをのぞき、みじん切りにする。

しそは千切りに、しょうがはみじん切りにする。

鶏ひき肉、きゅうりとピーマン、しそ、しょうが、ごま油、酒、塩、挽いた青山椒を加えてよく混ぜ、使うまで冷やしておく。

わんたんの皮に具を小さじ1ほどのせ、端に水をつけて半分に閉じる（a）。

たっぷりと湯を沸かし、わんたんをゆでる。

再沸騰して2分経ったら、網じゃくしですくって氷水をはったボウルに取る。

わんたんを破らないように何度か水を替え、しっかりと冷やす。

冷やした器に盛り、さらに氷をところどころにのせ、ひたひたに冷水をはる。

たれの材料をよく混ぜて添える（b）。

a　　　　　　　　　　b

青唐辛子酢

作りやすい分量
青唐辛子
酢

青唐辛子はへたを取り、清潔な瓶に入れる。

酢をかぶるくらい注ぎ、数日おいて色が褪せたら使う。

酢が減ってきたら、またかぶるくらい足しておけば、冷蔵庫で1年はもつ。

* より辛くしたい場合は、青唐辛子を小口切りにしてから漬けてもよい。

p.134

豚のバジリコ巻きとなすの辛味だれ

豚薄切り肉	12枚
バジリコ	24枚
酒	大さじ2
卵	1個
片栗粉	
なす	2本
揚げ油	
[たれ]	
ねぎ	1本
しょうが	1かけ
しょうゆ	大さじ3
酢	大さじ2
黒砂糖（好みで）	小さじ1
辣油	大さじ1
ごま油	大さじ1
[仕上げ]	
クミンパウダー、カレー粉、粗挽き唐辛子など	適量
バジリコ	

豚薄切り肉を広げてバジリコの葉をのせて手前からきつく巻く。

酒、溶き卵、片栗粉の順にまぶす。

たれを作る。

ねぎは小口切り、しょうがはみじん切りにして調味料と混ぜ合わせる。

揚げ油を中強火で熱して乱切りにしたなすを揚げ、うっすら色づいたら油を切る。

続いて豚のバジリコ巻きを中火で揚げ、かりっとして香ばしい色がついたら油を切る。

なす、豚のバジリコ巻きともにスパイスをまぶして器に盛る。

たれをよく混ぜてかけ、バジリコの葉を散らす。

大根と冬瓜の甘酢あえ

p.135

大根	200g
冬瓜	200g（正味）
塩	
梅酢	20g
梅シロップ	20g
赤唐辛子	1本

大根はいちょう型の薄切りにする。

冬瓜は種と皮をのぞき、大根と同じくらいの大きさの薄切りにする。

合わせてかぶるくらいの塩水に浸しておく。

作り方　次頁につづく

しんなりしたら盆ざるに上げ、自然に水気を切る。

梅酢、梅シロップ、赤唐辛子の小口切りであえ、よく冷やしておく。

供する前にもう一度よく混ぜ、器に汁ごと盛りつける。

* 大根は戻した干し大根を使ってもおいしい。
* 野菜をつける塩水は500gの水に10gの塩が目安。飲んでみてほどよい塩味を感じ
　るくらいにする。

夏のタピオカ
p.136

タピオカ（大粒）	大さじ4
メロン	320g（正味）
すもも	160g（正味）
グラニュー糖	40g
梅シロップ	大さじ4
パッションフルーツ	1個

メロンは種をくり抜いて濾し、果肉は薄切りにしてあわせてバットに入れ、冷凍する。

すももは種をのぞき、グラニュー糖をまぶしてバットに入れ、冷凍する。

湯を沸かし、タピオカを入れて表面がふつふつするくらいの火加減で25分ゆでる。

芯にほんのり白いところが残るくらいで火を止め、そのままゆで汁の中で冷ます。

供する少し前にタピオカをざるに上げて洗い、ざるに入れたまま冷水につけておく。

凍ったメロンとすももをそれぞれフードプロセッサーにかけてなめらかにする。

タピオカの水気を切り、梅シロップをまぶす。

メロンとすもものシャーベット、タピオカの順に盛りつけ、パッションフルーツの果肉を回しかける。

2017年
9月

8月のイタリアの旅は、
車でカンパーニャ州まで足を伸ばした。
ワイン農家のアントニオの家で習った料理、
食堂で食べた料理。
記憶が新鮮なうちに作る。

タラッリ ― *p.149*

チャンボテッラ

p.150

チャンボッタ *p.151*

なすのスカペーチェ
—
p.152

いちじくとぶどうの一皿 *p.152*

148

タラッリ
——
p.144

約30個分
小麦粉（イタリア産00）——————100g
塩—————————————————2g
白ワイン————————————15g
水———————————————30g
オリーブ油————————————20g

ボウルに小麦粉を入れて山にし、中心にくぼみを作り、塩、白ワイン、水、オリーブ油を加えて手早く混ぜる。

ひとまとめにしたら、台の上に移して表面がなめらかになるまでこねる。

丸めてとじ目を下にしてボウルをかぶせ、常温で30分ほど休ませる。

生地を30等分し、転がしながら10cm長さの紐状に伸ばす。

人差し指に巻きつけるようにして端と端をしっかりとくっつけ、輪にする（*a*）。

鍋に湯を沸かしてうっすら塩味がつく程度に塩を入れ、生地同士がくっつかない程度の量を入れて中火でゆでる。

浮いたら網ですくい、ふきんの上にオーブンシートを重ねたところに並べて表面を乾かす（*b*）。

天板にオーブンシートを敷いて並べ、160℃に温めたオーブンに入れて焼く（*c*）。

途中、前後を返して50分ほど、うっすらと焼き色がつくまで焼く。

食べてみて芯までかりっとしていたら、網に広げて冷ます。

* 好みでフェンネルシード、唐辛子、ドライオレガノなどを加えてもよい。フェンネルシードや唐辛子の場合はみじん切りにし、オレガノの場合は指先でもんで香りを出してから混ぜる。上記の量で小さじ1/2ほどが目安。

a　　　　　　　*b*　　　　　　　*c*

チャンボテッラ

p.145

[ソフリット]
赤玉ねぎ ——————————— 1個
セロリの軸 —————————— 1/2本
ししとう —————————— 2本
ミニトマト ————————— 8個
オリーブ油 ————————— 大さじ2
[具]
じゃがいも ————————— 小8個
さやいんげん ————————— 8本
かぼちゃ —————————— 1/4個
ズッキーニ ————————— 1本
なす ——————————— 中2本
ハーブ（ミント、バジリコ）——————— ひとつかみ
セロリの葉 ————————— 1本分
好みの青菜 ————————— ひとつかみ
オリーブ油 ————————— 大さじ1
塩

赤玉ねぎはやや薄切り、セロリの軸は斜め切り、ししとうは小口切りにする。
ミニトマトはへたを取り、さやいんげんは筋とへたを取る。
じゃがいもは皮をむき、かぼちゃは種をのぞき、大ぶりに切る。
ズッキーニは小さければそのまま、大きければぶつ切りにする。
なすは大きめに切り、水にさらす。
青菜は下のかたいところを手折り、セロリの葉とともにたっぷりの冷水
につけておく。
深さのある厚手の鍋にオリーブ油を引き、ミニトマト以外のソフリット
用の野菜を入れて中火で炒める。
ミニトマトを加えてさらに炒め、赤玉ねぎが透き通ってきたら、水を鍋
の半分くらいの高さまで注いで粗塩を少々ふる。
じゃがいもを加えて中火でしばらく煮て、串が通るようになったら、そ
のほかの野菜をかたいものから順に種類別に重ねていく。
最後はハーブ、セロリの葉、青菜で終え、オリーブ油を回しかけたら、
ふたをして強火で煮る。
5分ほど煮てから、火を止めて1時間以上おき、余熱で味をなじませる。
うっすらとした塩味にととのえ、冷めていたら弱火でほんのりと温めて
から供する。

* チャンボテッラとは、南イタリア・カンパーニャ地方のある地域で作られる夏野菜
  のシチュー。
* 青菜は本来、ズッキーニのやわらかな蔓と葉、プンタレッラなどを入れる。あくが強
  くなければどんな青菜でもよい。
* ハーブはバジリコに加えて、本来は細葉のタイムのような形をしたピペリータ
  （piperita）という野生のミントを使う。

チャンボッタ
——
p.146

パプリカまたは肉厚のピーマン ——— 200g
新玉ねぎまたは赤玉ねぎ ——— 200g
じゃがいも ——— 100g
トマトソース（下記）——— 100g
バジリコ ——— 2枝
オリーブ油
揚げ油
塩

パプリカまたは肉厚のピーマンはへたと種を取り、大きめの乱切りにする。
ざるに広げて数時間天日干しにする。
新玉ねぎまたは赤玉ねぎは皮をむいて大きめの乱切りにし、オリーブ油
を引いた鍋に入れ、ふたをして中火にかける。
音がしてきたら弱火にし、時々混ぜながら蒸し炒めにする。
じゃがいもは皮をむき、小さめの乱切りにして水気をふく。
鍋に揚げ油を入れて中火にかけ、じゃがいもを入れて時々混ぜながら、
こんがりと色づくまで揚げる。
続いてパプリカを入れ、しわが寄るくらいまで揚げたら、油を切る。
玉ねぎの鍋に揚げた野菜を加え、トマトソースを回しかけ、粗塩をふっ
て軽く混ぜる。
バジリコを枝ごと加え、ふたをして弱火で10分ほど蒸し煮にする。
熱々になったら塩味をととのえて火を止め、味をなじませておく。

* チャンボッタとは、南イタリアの一部の州で作られる夏野菜の揚げ煮、あるいは蒸し煮。
* パプリカのほか、肉厚のししとうや甘長唐辛子などでもよい。丸のまま揚げる場合は
  切れ込みを入れておく。

トマトソース

作りやすい分量
トマト水煮 ——— 400g
ミニトマト ——— 20個
赤唐辛子 ——— 1〜2本（好みで）
オリーブ油 ——— 40g
塩

鍋にトマト水煮と赤唐辛子を入れ、オリーブ油を回しかける。
中火にかけ、時々混ぜながらとろりとするまで煮る。
塩をふり、へたを取ったミニトマトを丸のまま加え、はじけ始めたら火を
止める。

なすのスカペーチェ

p.147

なす	400g
揚げ油	
[マリネ液]（なすの量に応じて分量を加減する）	
ワインビネガー（赤白好みで）	50g
水	100g
にんにく	小1かけ
塩	1g
ミント	

なすはへたを取り、縦に約1cm厚さに切ってざるに広げ、数時間天日干しにする。

揚げ油を中火で熱し、高温でなすを揚げる。

切り口がほんのりと色づいたら、油をよく切っておく。

マリネ液を作る。

小鍋につぶしたにんにく、ワインビネガー、水、塩を入れ、中火で時々混ぜながら半量になるまで煮詰める。

なすが熱いうちに器に並べ、熱々のマリネ液をかける。

ミントの葉をちぎって散らし、上下を返しながらしばらくおいて味をなじませる。

* スカペーチェという言葉は、スペイン料理の"escabeche（エスカベッシュ）"に由来し、野菜や魚などを油で揚げたものをワインビネガーでマリネする調理法のことを呼ぶ。ナポリをはじめとするカンパーニャ地方に伝えられ、本来はズッキーニで作ることが多い。

いちじくとぶどうの一皿

p.148

いちじく	4個
ぶどう（できれば数種類取り合わせる）	約20粒
干しいちじく	1個
バター（発酵）	20g
粒の粗いきび砂糖またはざらめ	小さじ2
はちみつ	小さじ2

いちじくとぶどうは冷やしておく。

それぞれ縦半分に切り、切り口を上にして皿に盛り合わせる。

干しいちじくはへたをのぞき、細く刻む。

いちじくの上に冷凍しておいたバターを薄く切ってのせる。

干しいちじくを散らし、粒の粗いきび砂糖またはざらめをふり、はちみつを回しかける。

2017年
10月

銀木犀の大きな木に白い花が咲く頃、
山では栗が弾ける。
長かった夏がようやく
終わったと思うのは、十月。
秋が手から零れ落ちないように、
ただひたすらに料理をしよう。

秋野菜の揚げびたし
— p.162

水前寺菜ときくらげのあえもの
—
p.162

155

四角豆のえごまあえ
— *p.163*

さばのごぼうみそ焼き
— *p.163*

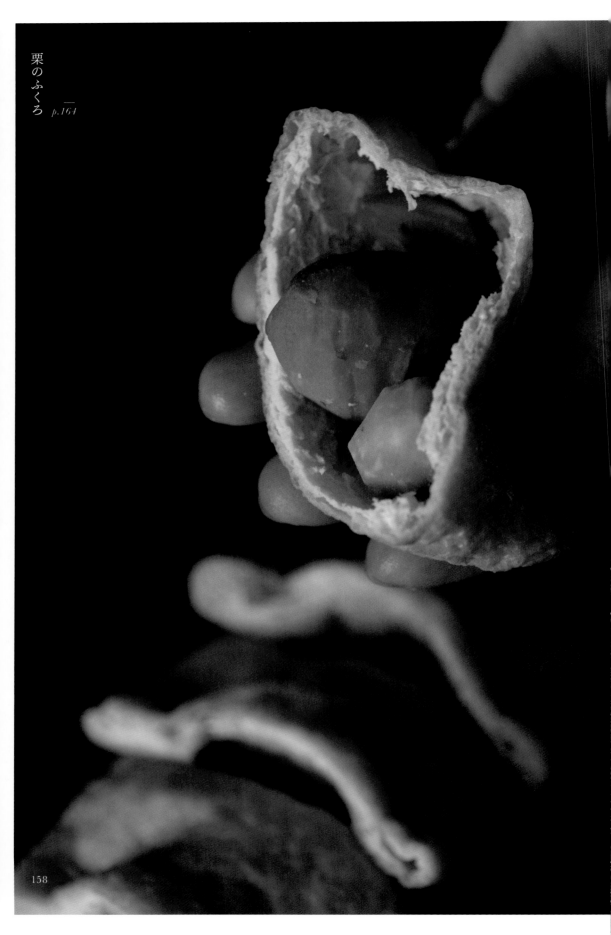

栗
の
ふ
く
ろ p.164

なすごはん
___
p.164

しょうがと里芋のみそ汁 — p.165

かぼす寒天
—
p.165

秋野菜の揚げびたし
___
p.154

好みのきのこ
（しいたけ、エリンギ、なめこ、えのき、ひらたけなど）——400g
れんこん————————————————中1本
揚げ油
［ひたし汁］
だし————————————————200g
酢————————————————50g
梅干し————————————————小2個
薄口しょうゆ————————————10g
［仕上げ］
みょうが————————————————1本

きのこは汚れやかたいところがあればのぞき、ざるに広げて数時間天日
干しにする。
れんこんは皮つきのまま、5mm厚さの輪切りにする。
揚げ油を中火で熱し、それぞれ香ばしい色がつくまで揚げる。
油をしっかりと切ったらバットに移す。
だし、酢、梅干しを鍋に入れて中火にかける。
煮立ったら薄口しょうゆを加え、熱々を揚げたての野菜にかける。
時々混ぜながらしばらくおいて、味をなじませる。
器に盛り、みょうがの千切りを天盛りにする。

水前寺菜ときくらげのあえもの
___
p.155

水前寺菜————————————————200g
酢————————————————大さじ1
生きくらげ————————————————100g
青唐辛子酢（*p.139*）————————————大さじ1
青い柑橘（かぼす、すだちなど）
塩

水前寺菜は洗ってかたい軸をはずし、冷水につけておく。
湯を沸かし、塩を入れて水前寺菜をさっとゆで、酢を加えた塩水に浸す。
同じ湯を沸かし、生きくらげを好みのかたさにゆでてざるに上げる。
石突きをはずし、食べやすい大きさに切る。
生きくらげをボウルに入れ、青唐辛子酢と粗塩であえる。
器に生きくらげと水前寺菜を盛り合わせ、水前寺菜を浸していた汁をか
け、青い柑橘を搾る。

四角豆のえごまあえ
——
p.156

四角豆	200g
粒えごま	大さじ1
塩	

四角豆はゆでるまで冷水に浸しておく。
沸騰した湯に塩を入れ、ほどよい歯ごたえが残るようにゆでる。
塩水に浸して冷まし、筋を取って斜めに切る。
器に盛り、粒えごまを手でつぶしながらふり、粗塩をふる。

さばのごぼうみそ焼き
——
p.157

さば	4切れ
塩	
酒	大さじ1
ごぼうみそ（下記）	大さじ4

さばは三枚におろして骨を抜き、水気を拭き取る。
塩をふり、酒をまぶし、しばらくおく。
焼く前に皮目に切れ込みを入れ、裏にごぼうみそを塗る。
天板にオーブンシートを敷き、さばの皮目を上にして並べる。
250℃に温めたオーブンで約5分、うっすらと色づくまで焼く。

ごぼうみそ

作りやすい分量

ごぼう	100g
しょうが	25g
菜種油	20g
酒	25g
水	100g
黒砂糖	5g
みそ	25g

ごぼうとしょうがは、それぞれ皮ごと粗みじん切りにする。
フライパンに菜種油を入れて熱し、しょうがのみじん切りを炒める。
香りが立ったらごぼうを加えて炒め、しんなりとしたら、酒と水を加えて中火で煮る。
水が引いてごぼうが顔を出してきたら、黒砂糖とみそを加えて混ぜながら煮る。
水分がほぼ飛んだら火を止める。

栗のふくろ
——
p.158

8個分
栗 ————————————— 約16個
油揚げ（いなり寿司用）——— 4枚
だし ———————————— 200g
酒 ————————————— 50g
薄口しょうゆ ————————— 20g
塩

栗は鍋に入れ、たっぷりかぶるくらいの水を注いで中火で40〜50分ゆでる。
火を止めてそのままゆで汁に浸しておき、粗熱が取れたら渋皮までむく。
湯を沸かし、油揚げを入れて落としぶたをして1分ほど煮立てる。
取り出して水にさらし、冷めたら穴をあけないように両手のひらで挟み、
ぎゅっと絞る。
油揚げを半分に切り、中に栗を1個はそのまま、1個はくずして入れ、
楊枝で縫うように閉じる。
鍋にだし、酒、薄口しょうゆ、塩を入れて一煮立ちさせ、やや濃いめに
味をととのえる。
ふくろを入れてオーブンシートで落としぶたをし、さらにふたをして中
火にかける。
煮立ったら弱火で5分、裏返してさらに5分煮る。
火を止めて味をなじませ、供する前に弱火で温め、汁ごと温めた器に盛る。

なすごはん
——
p.159

米 ————————————— 2カップ
もち米（黒米、赤米でも）——— 大さじ2
なす（身のしまったもの）——— 小4本
ごま油または菜種油 ————— 大さじ1
塩

米ともち米は研いだらざるに上げ、30分ほどおく。
米ともち米を鍋に入れてなすをのせ、好みの油を回しかけて粗塩をふる。
ふたをして中火にかけ、沸騰したらごく弱火にして15分炊く。
5分蒸らしてからさっくりと混ぜ、茶碗によそい、粗塩をふる。

* なすは大きければ煮崩れないよう、大きめに切り分ける。

しょうがと里芋のみそ汁
— p.160

しょうが	1かけ
里芋	小12個
水	800g
みそ	約80g

しょうがは皮ごと粗くすりおろして鍋に入れる。

里芋の皮をむき、小さいものならば丸ごと、大きければ適当な大きさに切って加える。

水を注ぎ、ふたをして中火で煮る。

煮立ったら火を弱め、里芋が芯までやわらかくなったらみそを溶き、熱々を椀に盛る。

* もちろんだしを入れてもよいが、水でも野菜とみその旨味で十分に味が出る。
* みその量はみその種類、煮汁の減り方で変わるので、味見をしながら調整する。

かぼす寒天
— p.161

内寸 14 × 11 × 高さ5cm の流し缶1個分（約8人分）

糸寒天	4g
水	650g
グラニュー糖	50g
かぼすの汁	30g
銀木犀の花蜜 (p.166)	大さじ2

糸寒天は、たっぷりの水に6時間以上つけて戻す。

水気を切って鍋に入れ、分量の水を加えて沸騰させる。

糸寒天が完全に溶けたらグラニュー糖を加え、もう一度沸騰させて溶かす。

溶けたらさらしで漉し、両端をねじるようにして絞り、ボウルに入れる。

かぼすの汁を加え、ボウルを氷水につけて、混ぜながら粗熱を取る。

寒天は40℃前後でかたまるので冷ましすぎないようにし、人肌になったらすぐに流し缶に流す。

かたまったら冷蔵庫で冷やす。

切り分けて冷やした器に盛り、銀木犀の花蜜をかける。

* かぼすの代わりに、ほかのさわやかな柑橘の汁を使ってもよい。

銀木犀の花蜜

約100g分
銀木犀の花 ——————————— 5g
グラニュー糖 ——————————— 50g
水 ——————————————— 50g

銀木犀の花は盆ざるに広げて軽くふるい、細かいごみを落とす。
ボウルに入れてたっぷりの水をはってやさしく洗い、ざるにすくい取り、
水を切っておく。
鍋にグラニュー糖と水を入れて中火にかける。
ふつふつとしてきたら花びらを加えて弱火で3分ほど煮る。
煮汁が半分くらいになったら、清潔な瓶に入れて保存する。

* 寒天、愛玉、豆花、白玉団子などの甘味に合わせるほか、炭酸水やお湯で割って飲
  んでもおいしい。

２０１７年
11月

中国、台湾の旅から教わるものは果てしない。
熊本に戻り、市場で食材を眺めてみると、
少なからず３つの国は繋がっていることを知る。
そして、生まれ出づる料理は、
きっと、どこの国のものでもない、
ここだけのものなのだ。

揚げ野菜の怪味だれ p.175

くるみ豆腐
p.175

蒸しかぶの花椒油 p.176

セロリ・白きくらげ・りんごの柚子あえ

p.176

ごまごはん　*p.177*

なんこつと揚げいもの赤い煮込み

りんご愛玉 *p.178*

揚げ野菜の怪味だれ

——
p.168

[怪味だれ]
豆板醤 ——————————————— 小さじ2
芝麻醤 ——————————————— 大さじ1
しょうゆ ——————————————— 大さじ1
黒酢 ——————————————— 大さじ1
黒砂糖 ——————————————— 2〜5g（好みで）
小ねぎ
しょうが
香菜
[揚げ野菜]
好みの野菜（今回はかぼちゃ、銀杏、むかご）
揚げ油（米油、菜種油、しらしめ油など）

怪味だれを作る。
調味料を全て混ぜて器に入れ、香菜は細かく刻んでたれの上に盛る。
野菜を揚げる。
かぼちゃは種を取り、大ぶりに切る。
鍋に揚げ油を入れて中火で熱し、かぼちゃの皮目を下にして入れる。
中弱火でじっくりと揚げ、皮においしそうな揚げ色がついたら裏返し、
全体にしっかりと火を通す。
油を切り、同じ油でむかごと銀杏を色よく揚げて油を切る。
揚げ野菜を鉢に盛り、怪味だれを添えて供する。

* 野菜はなす、れんこん、ピーマン、きのこなど、揚げておいしいものならなんでも合う。

くるみ豆腐

——
p.169

木綿豆腐 ——————————————— 1丁（400g）
くるみ ——————————————— 40g
しょうが ——————————————— 1かけ
米油または菜種油 ——————————————— 大さじ2
塩

木綿豆腐はキッチンペーパーで巻いて盆ざるにのせ、水気を切っておく。
くるみを適当な大きさに割り、フライパンに入れて弱火で煎る。
香ばしい香りがしたら米油または菜種油を入れ、叩いたしょうがを加え
て中火で炒める。
香りが立ったら、木綿豆腐を大まかにくずして加える。
下の面に香ばしい色がついたら軽く混ぜ、全体においしそうな焼き色が
ついたら粗塩をふってあえる。

蒸しかぶの花椒油

—
p.170

かぶ	中4個
[花椒油]（作りやすい分量）	
花椒	大さじ1
太白ごま油または米油	大さじ4
[仕上げ]	
香菜	ひとつかみ
塩	

かぶは皮ごとくし形に切り、皿に並べる。

せいろに入れ、強火で芯までやわらかくなるまで10分ほど蒸す。

葉は小口切りにし、塩で軽くあえておく。

かぶが蒸し上がったら葉をのせ、さらに1分ほど蒸す。

香菜は茎と根は刻み、葉は摘んでおく。

花椒と油を小鍋に入れて弱火にかけ、花椒が浮いて香りが立ってきたら火を止める。

かぶの上に熱々の油を漉して大さじ2ほど回しかけ、香菜をのせ、粗塩をふる。

セロリ・白きくらげ・りんごの柚子あえ

—
p.171

セロリ	1本
白きくらげ（生）	100g
りんご	1個
柚子	
塩	
油（米油、太白ごま油など）	

セロリの軸は1mm厚さの斜め切りにし、葉は粗く刻んでおく。

湯を沸かし、塩と油を少々入れて軸をゆで、歯ごたえがやや残るくらいで取り出し、塩水に取る。

白きくらげはセロリをゆでた湯で5分ほどゆで、ざるに取って石づきをのぞく。

りんごは皮と芯をのぞいて、5mm厚さのくし形に切る。

ボウルに水気を切ったセロリ、白きくらげ、りんごを入れ、柚子の汁であえてよく冷やしておき、供する前に粗塩をふってあえ、器に盛る。

セロリの葉と柚子皮の千切りを散らし、粗塩をふり、食卓でよくあえて供する。

ごまごはん

——
p.172

米 ——————————————— 2カップ
いりごま ————————————— 大さじ4
塩

米を研ぎ、30分ほどざるに上げておく。
鍋に入れ、米と同量の水を加えてごまを煎って加える。
ふたをして中火で炊き、沸騰したらごく弱火で15分炊く。
最後に5秒火を強め、火を止めて3分蒸らす。
飯碗に盛り、粗塩をふる。

なんこつと揚げいもの赤い煮込み

——
p.173

豚なんこつ ——————————— 600g
トマト水煮 ——————————— 400g
水 ——————————————— 800g
ねぎ ——————————————— 1本
しょうが ————————————— 大1かけ
にんにく ————————————— 1かけ
香菜 ——————————————— 数本
韓国唐辛子 ——————————— 2本
赤唐辛子 ————————————— 2本
なつめ ——————————————— 8個
枸杞 ——————————————— 大さじ2
ドライトマト ————————— 4枚
塩
[スパイスオイル]
クミンシード ————————— 4g
花椒 ——————————————— 4g
粗挽き唐辛子 ————————— 4g
米油または菜種油 —————— 40g
[揚げいも]
きくいも ————————————— 小8個
じゃがいも ——————————— 小8個
さつまいも ——————————— 小8個
揚げ油
ミニトマト ——————————— 16個

鍋に湯を沸かし豚なんこつをゆで、再沸騰したらざるに上げ流水で洗う。
鍋に水とトマト水煮を入れて強火で沸かし、豚なんこつを入れてあくを
取りながら煮る。
ねぎ、しょうが、にんにく、香菜は粗く刻み、韓国赤唐辛子、赤唐辛子、
なつめ、枸杞、ドライトマトとともに鍋に加えて中火で煮る。

作り方　次頁につづく

スパイスオイルを作る。

別の小鍋に米油または菜種油、クミンシード、花椒、粗挽き唐辛子を入れて中弱火にかけ、ぶくぶくと泡立ってきたら豚なんこつの鍋に入れる。

塩をふり、ふたをして弱火で1時間ほど煮込む。

きくいもは丸のまま皮つきで、じゃがいもとさつまいもは皮ごと適当に切り分ける。

揚げ油を中火で熱し、全てのいもを香ばしく色づくまで素揚げする。

油を切って豚なんこつの鍋に入れ、ミニトマトを加えてふたをして弱火でさらに10分ほど煮る。

* 圧力鍋で煮ると短時間でなんこつの骨までやわらかく煮える。いったんゆでこぼしてから、水、トマト水煮、香味野菜、スパイスオイルを入れて25分加圧する。そのほかの材料は脱気してから加えて煮る。

りんご愛玉
——
p.174

[りんご蜜]
りんごの皮と芯（紅玉など赤いもの）—— 1個分
グラニュー糖 ——————————— 80g
水 ——————————————— 200g
ゆずの搾り汁 ————————————— 20g
[愛玉]
愛玉 ——————————————— 5g
水

りんご蜜を作る。

鍋にりんごの皮と芯、グラニュー糖、水を入れてふたをして中火にかける。

煮立ったら弱火で15分煮て火を止め、粗熱が取れたらゆずの搾り汁を加え、よく冷やしておく。

愛玉を作る。

愛玉を専用の袋に入れ、分量の水を入れたボウルの中でしばらくもむ。

ぷるんとかたまり始めたら、ぎゅっと搾ってそのまま冷蔵庫でかたまるまでおく。

冷やしておいた器に愛玉を取り分け、氷をひとつ入れ、シロップを漉してかける。

* 愛玉は台湾原産の果実の種で、水でもむとゼリー状にかたまる。薬膳材料などを煮出す時に使う目の細かい木綿の袋に入れてもむが、袋から愛玉の種が漏れ出さないように注意する。できあがってから長くおくと離水するので、食べる30分ほど前にもむとよい。

2017年
12月　　クリスマスが来るとよみがえる、ピエモンテの家族との時間。
彼らとの出会いがなかったら、
いまの私はないだろう。

p.184

牛肉と冬野菜のフォンデュータ
p.186

柑橘のモンテビアンコ

バーニャカウダ

p.180

作りやすい分量（約6人分）
［バーニャ］
にんにく ――――――――――――――― 約40g（正味）
オリーブ油 ―――――――――――――― 100g
アンチョビ ―――――――――――――― 大6枚
［具］
好みの野菜

バーニャを作る。
にんにくは皮と芯をのぞき、半分に切る。
大きいものはさらに約5mm厚さに切り、水に浸しておく（a）。
小鍋に湯を沸かしてにんにくをゆで、再沸騰したらざるに上げ、再び小
鍋に湯を沸かしてゆでる。
串ですっと通るくらいまでやわらかくなったらざるに上げ、冷水に数分
さらしておく。
水気を切り、包丁の腹で軽くつぶしてから、ねっとりとしない程度に細
かく刻む。
鍋にオリーブ油とにんにくを入れ、可能な限り弱火で、時々混ぜながら煮る。
煮立ちすぎたら火を止めて焦げないように注意しながら、にんにくがご
くうっすらとしたきつね色になるまで煮る（b）。
アンチョビを切らずに加え、溶けたら火を止める。
野菜はそれぞれ生、蒸す、焼くなど、素材に合った準備をする。
バーニャを小鍋または専用のテラコッタのコンロに移して温め（c）、野
菜を大皿に盛り合わせて供する。

* 野菜は、生のものと火を通したものを取り合わせる。今回は、生のものはきくいも、
  赤かぶ、紅芯大根、にんじん、セロリ、白菜、水菜、わさび菜。火を通したものは、オー
  ブンで焼いたパプリカ、蒸したカリフラワーとにんじんを使った。

a   b   c

緑のリゾット

p.181

青菜（小松菜、かぶの葉、ほうれん草など）	約120g
ミント	10g
米	200g
バター	40g（炒める分）＋40g（仕上げ用）
塩	
ブロード（無塩）	約1000g
パルミジャーノ・レッジャーノ	20g

青菜は沸騰した湯に塩を入れてごくやわらかくゆで、あくのあるものは水にさらす。

水気を絞らずにざく切りにしてから叩き、さらにミントの葉を加えてみじん切りにする（*a*）。

鍋を中弱火で熱してバターを入れ、半分ほど溶けたら米を入れて木べらでやさしく炒める（*b*）。

米がパチパチと歌うようになったら塩をふり、熱いブロードを米がかぶるくらいまで加える。

中弱火で煮て、水分が減ったら熱いブロードを加え、鍋底をへらで混ぜることを繰り返しながら、常にひたひたの状態を保ちながら煮る。

14〜15分経って、米がアルデンテに煮える手前で、緑のペーストを加えてよく混ぜる。（この時、青菜の水分が増えることを心に留め、ブロードを入れすぎると水分が多くなりすぎるので注意する）

アルデンテになったら火を止めて塩味をととのえ、盛りつけた時に水分が米から滲み出ないよう仕上げる。

バターとパルミジャーノのすりおろしを加えてつやが出るまで手早くかき混ぜ、温めた皿に盛る。

＊ ブロードの取り方
　鶏ガラはよく洗い、血合いや脂をのぞいて鍋に入れる。
　たっぷりと水を入れて強火にかけて沸かす。
　あくをのぞき、乱切りにした香味野菜（玉ねぎ、にんじん、セロリ、ねぎ、にんにくなど）、ハーブ（パセリ、バジリコ、ローリエなど）、粒こしょう、好みのスパイス、粗塩を加えてふつふつとごく軽く沸騰する火加減で煮る。
　あくをひきながら2〜3時間煮て、十分なうまみが出たら目の細かい網で漉す。

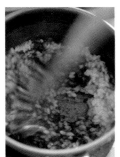

a　　　　　　　*b*

牛肉と冬野菜のフォンデュータ

p.182

牛もも塊肉	400g
下仁田ねぎ	4本
さつまいも	中2本
［フォンデュータ］	
フォンティーナ	100g
牛乳	160g
卵黄	2個
［仕上げ］	
塩	
こしょう	

牛もも塊肉は、室温に1時間ほどおき、常温にもどす。

下仁田ねぎとさつまいもは、それぞれ丸のまま新聞紙で包んで水で濡らし、アルミ箔に包む。

薪ストーブや焚き火の熾火、オーブン（200℃で約40〜60分）などで芯までやわらかく焼く（*a*）。

牛肉は薪ストーブの炉内の熾火、炭火、よく熱したフライパン、グリルパンなどで表面をこんがりと焼く。

ミディアムレアに焼けたらホイルで包み、冷めないようにおく。

フォンデュータを作る。

フォンティーナをごく薄く切って鍋に入れ、牛乳を加えてごく弱火で混ぜながら煮る。

溶けたら火から下ろして卵黄を加えてよく混ぜ（*b*）、なめらかな状態になったら冷めないようにしておく。

肉を切り分けて皿に盛り、皮をむいた熱々の焼きねぎと焼きいもを添える。

熱々のフォンデュータをかけ、粗塩をふり、こしょうを挽く。

* フォンティーナがない場合は、牛乳製の熱でとろりと溶けるチーズを使う。コンテなどこくのあるものが合う。いったんなめらかに煮えたフォンデュータを沸騰させるとだまになってしまうので注意する。

a   *b*

         2017 – dec.

柑橘のモンテビアンコ

p.183

8人分
焼きメレンゲ（下記）————— 4個（底に敷く分）＋4個（くずして散らす分）
［クリーム］
生クリーム（35％）————————200g
レモンの皮 ———————————1個分
レモン汁 —————————————50g
［仕上げ］
晩白柚 ——————————————3房＋1房
アラザン —————————————小さじ1

クリームを作る。
生クリームをボウルに入れ、氷水に当てながら5分立てにする。
レモンの皮のすりおろしとレモン汁を加えて7分立てにし、冷やしておく。
晩白柚は薄皮までむき、食べやすい大きさにほぐす。
大皿に焼きメレンゲを4個、放射状に並べる。
クリームをひとすくいのせ、晩白柚を合間に盛る。
山型になるよう、それぞれ盛る量を減らしながら重ね、2段目以降、焼
きメレンゲはくずして散らす。
最後はクリームで終え、晩白柚の実を細かくほぐして散らす。
焼きメレンゲをざっくりとくずしてかけ、アラザンを散らす。

焼きメレンゲ

30〜40個分
卵白 ——————————————100g
グラニュー糖 ———————————50g＋50g
粉砂糖 —————————————100g

卵白はボウルに入れ、縁が凍るくらいまで冷やしてからハンドミキサー
で軽く泡立てる。
グラニュー糖50gのうち、大さじ1ほどを加えて泡立てる。
残りのグラニュー糖を数回に分けて加え、しっかり角が立つまで泡立てる。
へらに変え、さらに50gのグラニュー糖を加えて泡をつぶさないように
混ぜる。
粉砂糖を2回に分けて加え、泡をつぶさないように混ぜる。
天板にオーブンシートを敷き、2本の小さなスプーンで生地をすくい、大
きさを揃えて間をあけて並べる。
または好みの口金をつけた絞り出し袋に入れて、絞り出す。
100℃に温めたオーブンで1時間半（大きさによる）ほど焼く。
ごくうっすらと色がつき、割ってみて中までかりっと焼けていたら、熱
いうちにシートごと密閉容器に移し、乾燥剤を入れる。
軽くふたをし、粗熱が取れたら密閉する。

* 焼きメレンゲは、焼いた後天板にのせたままおくと、湿気てしまうので注意する。
  乾燥剤を入れて密閉保存しておけば、1カ月ほど保存可能。

taishoji cookbook

2018年へつづく